Mosaik
bei GOLDMANN

Buch

Für viele Arbeitssuchende, speziell für solche, die bereits ohne Anstellung sind, greifen die alten Bewerbungsstrategien nicht mehr. Viele werden krank und unglücklich, wenn sie sich verbiegen, nur um es irgendeinem Arbeitgeber recht zu machen, oder im falschen Job versauern. Thomas Heinles neuer Ansatz des Vermittlungs-Coachings orientiert sich an den Visionen und Leidenschaften der Jobsuchenden, denn Menschen können das am besten, was sie mit Begeisterung tun und was sie wirklich tun wollen. Er will Mut vermitteln und Arbeitslose auf der Suche nach einem Job begleiten. Das Ziel seines Buches: die persönliche Vision vom Traumjob und vom Wunscharbeitgeber zu formulieren und ihn durch eine professionelle Selbstvermarktungsstrategie auch zu bekommen. »Finde deinen Job« ist ein Arbeitsbuch mit Arbeitsblättern, Formulierungsvorschlägen und Ablaufplänen, an dessen Ende der persönliche Fahrplan für Erfolg und Erfüllung steht.

Autor

Thomas Heinle ist Diplom-Sozialpädagoge und hat eine Ausbildung zum Suggestopäden und zum Qualitätsmanagement-Beauftragten absolviert sowie BWL und Erwachsenenbildung studiert. Seit zehn Jahren ist er Bewerbungscoach für Arbeitssuchende in den alten und neuen Bundesländern. Dazu arbeitet er mit Obdachlosen, verhaltensauffälligen Jugendlichen und psychisch Kranken. Außerdem ist er Lehrbeauftragter an der Fachhochschule Landshut. Seit 2001 setzt Heinle seine Idee des Vermittlungs-Coachings mit dem Arbeitsamt und Sozialamt München in die Praxis um und hilft 200 Arbeitslosen beim Wiedereinstieg in den Arbeitsmarkt.

Homepage: www.vermittlungscoach.de

Thomas Heinle

Finde deinen Job!

Erkennen Sie Ihre Stärken
und handeln Sie!

Mit Leidenschaft und
Willenskraft zum Traumjob

FSC
Mix
Produktgruppe aus vorbildlich
bewirtschafteten Wäldern,
kontrollierten Herkünften und
Recyclingholz oder -fasern

Zert.-Nr. GFA-COC-1229
www.fsc.org
© 1996 Forest Stewardship Council

Verlagsgruppe Random House FSC-DEU-100
Das für dieses Buch verwendete FSC-zertifizierte Papier *Munken Print*
liefert Arctic Paper Munkedals AB, Sweden

Originalausgabe August 2002
© 2002 Wilhelm Goldmann Verlag, München,
ein Unternehmen der Verlagsgruppe Random House GmbH
Redaktion: Dunja Reulein
Umschlaggestaltung: Design Team München
Druck und Bindung: buch bücher dd ag, Birkach
Kö · Herstellung: MW
Printed in Germany
ISBN 3-442-16478-8

www.mosaik-goldmann.de

Inhalt

Einleitung 9
Warum dieses Buch? 10
Glückwunsch 11

Die Vision 17
Die Notwendigkeit der Vision 17
Wie finde ich zu meiner Vision? 19
Wie erzeugt meine Vision die Kraft, sie umzusetzen? 23
Die Pyramide 24
Beruflicher Interessentest 26
Die Stolpersteine 39
Was liegt alles auf dem Weg nach oben? 39
Wie kann man Stolpersteine überwinden? 41

Mein Wunscharbeitgeber/-kunde 51
Für wen will ich tätig werden? 52
Die Bedürfnisse des Traumarbeitgebers
beziehungsweise Traumkunden 54
Wie kann ich diese Bedürfnisse erfüllen? 56
*Geld verdienen durch zusätzliche Märkte
oder Aufträge* 59
Geld einsparen durch Lohnkostenzuschüsse 60
Traumarbeitgeber gefunden? 62

Die individuelle Selbstvermarktungsstrategie 65
Initiativbewerbungen statt Suche in Stellenbörsen..... 65
Entwicklung der persönlichen Marketingstrategie 70
Massenmailing per Post, Fax oder Internet 72
Telefonische Initiativbewerbung 74
Telefonische Nachfassaktionen 87
Verteilen von Handzetteln........................ 88
Kleben von kleinen Handzetteln an Lichtmasten o.ä.
mit Abrissstreifen Ihrer Telefonnummer......... 89
Eigener Flyer (Werbeprospekt) 90
Messebesuch mit Initiativbewerbung 91
Mieten einer Plakatwand oder Litfaßsäule......... 95
Kontaktieren von alten Bekannten oder Kollegen ... 96
Veranstaltung eines Fests zu Hause 99
Teilnahme an einer Talk-Show 100
(Nahezu) Kostenlose Inserate im Internet
oder in Kleinanzeigenblättern 101
Erstellen einer eigenen Homepage................ 102
Treffen von Linkvereinbarungen im Internet....... 105
Mitarbeit in Netzwerken......................... 105
Persönliche Initiativbewerbung
(»Klinkenputzen«) 106
Verfassen von Leserbriefen....................... 108
Verfassen von Artikeln für Zeitungen/Journale..... 109
Schreiben eines Buches.......................... 110
Persönliche Durchführung von Meinungsumfragen 112
Socializing 113
Ergattern von Empfehlungen 114
Besuch von Veranstaltungen
der verschiedensten Art........................ 116
Studium von Fachzeitschriften, Internetrecherche.. 117
Permanente persönliche Weiterbildung 117

Mithilfe bei Veranstaltungen 118
Anbieten von Aushilfstätigkeiten 119
Gewerbeschein oder freiberufliche Tätigkeit. 120
Praktikum 121
*Anbieten von Hausaufgabenhilfe bei Kindern
   der Entscheidungsträger* 122
Mitgliedschaft in Sportvereinen 123
Veranstaltung von Klassentreffen 124
Planung der Werbeaktivitäten........................ 125
  Was mache ich wann? 128
  *Auch ein Arbeit Suchender braucht
     geplante Freizeit* 131

Die Bewerbungsunterlagen 133
Der Lebenslauf 133
  Zielgruppenorientierung muss sein 133
  Die Form 134
  Die Gliederung.................................. 135
  Inhalte des Lebenslaufs 137
  Das Bewerbungsfoto............................. 144
Das Bewerbungsanschreiben 145
  Der Briefkopf 147
  Der Inhalt 148
  Die Form 149
  *Bewerbung als Problemlöser
     und nicht als Bittsteller!* 150
Das Zusammenstellen der Bewerbungsunterlagen 152
Das Abschicken der Unterlagen..................... 154

Das persönliche Vorstellungsgespräch 157
Motto: Lernen Sie Ihren neuen Freund kennen!........ 157
Der Tag vor dem Vorstellungsgespräch 159

Der Tag des Vorstellungsgesprächs 162
   Der Morgen 162
   Der Weg dorthin 163
   Die Übung direkt davor 164
   Der obligatorische Apfel 165
   Was mache ich, wenn ich feuchte Hände habe? 165
   Das eigentliche Vorstellungsgespräch 166
   Verstärkung nach der Einstellung 172

Der Arbeitsbeginn 175

Anhang 177
Entspannungstext 177

Register 181

Einleitung

Die Arbeitsplatzsuche ist wie ein Strategiespiel.

Es gibt unendlich viele Möglichkeiten, das Spiel zu beginnen und zu führen. Der Anfangsstand ist gleich. Jeder hat die gleichen Chancen, und der Beste gewinnt. Dazu braucht man eine Strategie, die sich laufend an die neuen Gegebenheiten anpasst. Wer meint, dass er nicht auf seinen Gegner achten muss, wird ins Hintertreffen geraten. Wer sich so auf seinen Gegner einstellen kann, dass dieser mit seinem König nicht mehr ziehen kann, hat das Spiel gewonnen. Um dies zu erreichen, muss man immer wieder üben, üben und üben.

Mit jeder Übung erhöht sich die Fähigkeit, schneller und flexibler seine Strategie zu ändern. Es geht immer darum, schon im Vorfeld herauszubekommen, was der Gegner vorhat. Gewinnen Sie, so haben Sie den Arbeitsplatz, den Sie sich wünschen. Verlieren Sie, so haben Sie nur ein Spiel verloren, das heißt, Sie haben nicht gut genug gespielt. Sie müssen noch mehr üben. Am Anfang steht jedoch die Analyse des Spiels.

Was habe ich gut gemacht?

Und dies wird ausführlich überlegt, damit ich mir genügend auf die Schultern klopfen kann.

Wo kann ich noch etwas verbessern?

Die Menschheit konnte sich entwickeln, weil sie bereit war, Fehler zu machen. Dies ist die Grundlage für jede Weiterentwicklung. Doch es ist unentschuldbar, einen Fehler ein zweites Mal zu begehen, nur weil man zu träge war, sich eine neue Variante zu überlegen.

Warum dieses Buch?

Es gibt auf dem Markt eine riesige Menge an Bewerbungsratgebern. Leider habe ich darunter noch keinen gefunden, den ich den Teilnehmern an meinen Bewerbungstrainings rundum empfehlen kann. Es wird zum Beispiel nirgends Rücksicht auf die Befindlichkeiten in den neuen Bundesländern genommen, und keiner bietet genügend Hilfestellung für eine wirklich individuelle Bewerbung. Als Personalberater habe ich es aber allmählich satt, immer wieder standardisierte Bewerbungen zu lesen. Und so geht es jedem Personalchef. Diese Bewerbungen landen auf dem Müll.

Und dieses Buch soll Mut machen, sich immer wieder neu zu bewerben, immer wieder neue Kraft zu finden. Nur dann kann eine Bewerbung erfolgreich sein. Nur wenn Sie von sich selbst überzeugt sind, können Sie dies auch dem Arbeitgeber vermitteln. Schaffen Sie es nicht, diese Überzeugung in sich zu verankern, brauchen Sie sich erst gar nicht bewerben. Das ist bezogen auf das Schachspiel so, als ob Sie antreten, um zu verlieren. Also werden wir jetzt versuchen, alles dafür zu tun, dass Sie voller Selbstbewusstsein Ihre neue Stellung suchen und bekommen können.

Glückwunsch

Sie möchten in Zukunft nur noch das tun, was Sie wirklich wollen. Warum treffen Sie diese Entscheidung nicht jetzt?
  Wenn Sie *ja* dazu sagen, dann brauchen Sie die Anleitungen in diesem Buch nur noch Schritt für Schritt umzusetzen. Der vorliegende Ratgeber zeigt Ihnen Ihren neuen Weg.

Sie entscheiden sich dafür, nur noch für Arbeitgeber tätig zu werden, mit denen das Arbeiten Spaß macht.
  Arbeit ist ein Großteil des Lebens. Daher darf sie auch Spaß machen. Besser gesagt, sie muss sogar Spaß machen. Nur dann sind Sie in der Lage, tatsächlich etwas zu leisten – vor allem nachhaltig – und dabei gesund, wach und belastbar zu bleiben.
  Nur wenn Ihnen die Arbeit mit einem Lächeln von der Hand geht und Sie dabei zufrieden sind, werden Sie Ihr Geld bei dem Arbeitgeber beziehungsweise Kunden wert sein. Sie sind Sie selbst, Sie arbeiten mit Menschen zusammen, die Ihre Freunde sein könnten, und Sie bringen die gemeinsame Sache zum Erfolg.

Sicher kennen Sie Unternehmen, in denen dies der Fall ist. Man fühlt die Leidenschaft der Mitarbeiter, die Energie und den Teamgeist. In solchen Unternehmen will man arbeiten.

(Anmerkung: Lesen Sie die kursiven Teile nicht, wenn Sie mit dem vorher Geschriebenen übereinstimmen. Dieser Teil ist nur für die Meister des Unglücklichseins bestimmt, die wieder in die Abgründe des »Das geht nicht!« und so weiter abtauchen wollen! Also: Einfach nach dem Kursiven

weiterlesen. Es werden nur Begründungen aus dem Negativen aufgearbeitet.)

In den anderen Unternehmen geht man zugrunde. Wer seine Arbeit nicht gerne macht, interessiert sich auch nicht dafür, er bildet sich nicht weiter, fürchtet die Konkurrenz der Kollegen. Er wird gemobbt, er wird krank, irgendwann kommt die Kündigung, oder das ganze Unternehmen geht den Bach hinunter. Auf jeden Fall gibt es in diesen Firmen keine Innovationen mehr. Die gängigen Floskeln sind dann: »Das haben wir immer so gemacht!« oder »Das geht nicht!« Wollen Sie in solch einem Unternehmen arbeiten? Sicher nicht!

(Anmerkung: Ende des Negativ-Exkurses. Also überlegen Sie, ob Sie diese Bemerkungen in Zukunft noch lesen wollen, vielleicht dienen sie Ihrer Belustigung. Ich habe diese Einwände schon so oft gehört, dass ich es wichtig finde, darauf einzugehen. Aber Sie haben diesen Pfad ja bereits verlassen, oder?)

Also gibt es nur einen Weg: Überlegen Sie sich, was Sie wollen!
Sie können dabei nur gewinnen.

Im ersten Teil des Buches geht es um Ihre Wünsche, Träume und Visionen. Sie lassen die ganze Welt außer Acht und denken einfach an sich selbst, an das, was *Sie* wollen. Zur Realität kommen wir später. Sie entführen sich selbst in Ihre Gedanken- und Traumwelt: Spinnen Sie einfach einmal.

Nachdem Sie genug fantasiert und Ihre Vision auch zu Papier gebracht haben, erlauben Sie sich, sich selbst für »verrückt« zu erklären. Damit haben Sie den ersten Teil des Buches und Ihrer Zukunftsplanung hinter sich gebracht. Nun nehmen Sie – zu Beginn des zweiten Teils – ein sehr großes Blatt Papier (zum Beispiel die Rückseite einer Tapete, circa drei Meter lang), kleben ganz oben rechts Ihre Vision auf das Papier und malen sich selbst unten links ganz klein. Diese Darstellung verdeutlicht Ihr jetziges Gefühl und den Grund, warum Sie Angst vor Ihrer Vision haben.

Malen Sie nun von Ihnen ausgehend (ganz unten) einen verschlungenen Weg nach ganz oben zu Ihrer Vision. Jetzt dürfen Sie allen Bedenkenträgern noch einmal aus vollem Herzen Tribut zollen. Malen Sie alle Stolpersteine auf den Weg, die Sie sich nur vorstellen können. Hören Sie erst damit auf, wenn Ihnen absolut keine mehr einfallen. Jetzt wirkt der Weg steinig ... und wie!

Doch wie wäre es, einen Stein nach dem anderen aus dem Weg zu räumen? Dazu überlegen Sie sich nun, wie dies bei jedem einzelnen Stein gehen könnte. Wenn einige noch zu schwer erscheinen, lassen Sie sie liegen und räumen erst die anderen weg. Und zwar, indem Sie einen Umweg malen und daneben schreiben, wie der Stolperstein entfernt werden könnte.

Geht nicht – gibt's nicht! Aber wie geht es dann?

Bei den restlichen Steinen, die Sie nicht alleine wegbekommen, lassen Sie sich von Bekannten oder Spezialisten helfen. Sie werden sehen: Bald können fast alle Hindernisse beseitigt werden.

Der Weg wird gangbar. Nun brauchen Sie noch die Überzeugung, dass Sie Ihren zukünftigen Arbeitgeber oder Kunden überzeugen können. Dies gelingt, indem Sie sich überlegen, was Sie ihm Gutes tun können. Dazu stellen Sie sich voll und ganz auf Ihren Wunscharbeitgeber/-kunden ein. Erst beschreiben Sie ihn, dann überlegen Sie sich, welche Bedürfnisse er hat. Schließlich fragen Sie sich, wie Sie diese Bedürfnisse erfüllen können. Am besten geht das natürlich mit den Tätigkeiten, die Sie gerne machen und die Ihnen leicht von der Hand gehen. Und genau die finden Sie bei Ihrem Traumarbeitgeber vor.

Nach dieser Gegenüberstellung kommt der dritte Teil des Buches: Ihre Marketingstrategien, um Ihren Traumarbeitgeber/-kunden anzusprechen. Denken Sie daran: Nur Ihren Wunscharbeitgeber wollen Sie ansprechen. Bei allen anderen werden Sie nicht glücklich. Also wird Ihre Bewerbung genau auf die Bedürfnisse dieses Arbeitgebers zugeschnitten sein. Das heißt, Sie bieten Ihrem zukünftigen Arbeitgeber/Kunden genau das an, was Sie gerne machen beziehungsweise gerne gemacht haben. Und Sie sprechen jeden Arbeitgeber an, bei dem Sie genau dies offerieren können, und zwar in initiativer Form. Vergessen Sie Stellenanzeigen. Gehen Sie selbst auf die Suche, und sprechen Sie in Eigeninitiative jeden an, der Ihr Traumarbeitgeber sein könnte. Wenn Sie Ihren Traumarbeitsplatz in einer Stellenanzeige finden, waren Sie zu langsam. Der Arbeitgeber hat von Ihnen keine Kenntnis erlangt. Also drehen Sie den Spieß um. Machen Sie sich bei allen relevanten Arbeitgebern bekannt, und bleiben Sie am Ball!

Hierzu erstellen Sie Ihre eigene Marketingstrategie. Sie suchen sich das, was Sie wollen. Wer Sie nicht will, ist entweder schon bedient, oder Sie werden bei diesem Arbeitgeber langfristig auch nicht glücklich. Sie bieten Ihrem Kunden schließlich Problemlösungen. Sie haben ein tolles Produkt,

Sie bringen ihm zusätzliche Aufträge, Sie helfen ihm, Geld einzusparen und so weiter. Da kann Ihr Traumarbeitgeber doch nicht *Nein* sagen.

Vielleicht versteht er es beim ersten Mal noch nicht, oder er hat momentan noch keinen Bedarf. Aber vielleicht in drei Monaten. Man kann noch einmal nachfragen. Ein Telefongespräch ist es wert. Oder?

Dieses Buch wird Sie dabei unterstützen, Ihren Weg zu gehen. Sie haben sich dafür entschieden, in Ihrem weiteren Leben nur noch das zu tun, was Ihnen wirklich Spaß macht. Vielleicht wissen Sie schon genau, was Sie machen wollen. Vielleicht haben Sie auch nur das diffuse Gefühl, dass Sie momentan nicht das machen, was Sie machen sollten oder wirklich machen wollen. Auch das ist schließlich ein Grund, warum Sie dieses Buch jetzt in der Hand halten.

Visionen sind die Strategien des Handelns. Roman Herzog 1987. Übrigens sehr interessant diese Rede, zu lesen unter: http://www.bundespraesident.de/dokumente/Rede/ix.15154.htm.

(Was soll ich denn damit!? Das ist eine Adresse im World Wide Web. Sie kennen sicher jemanden, der einen Zugang hat. Vielleicht auch das Internet-Café oder Elektrogeschäft um die Ecke. Sie sagen, Sie suchen einen Artikel im Internet, lassen sich einen Webbrowser starten, dann tippen Sie diese Buchstaben einfach ein.)

Also: »Auf geht's!«

Eines noch:
 Lesen Sie dieses Buch nicht nur, sondern arbeiten Sie es tatsächlich durch. Damit erzielen Sie den größten Erfolg!

Versprochen? *(Nicht mir, sondern Ihnen selbst, es geht um Sie!)*

Die Vision

Die Notwendigkeit der Vision

>Ohne Vision habe ich kein Ziel,
>ohne Ziel lässt sich kein Weg finden.
>Die Vision wird zur Richtschnur
>des Handelns.

Ohne Visionen würde die Menschheit noch in Höhlen hausen. Erst das Entstehen von Visionen hat es ihr ermöglicht, neue Lösungen zu entwickeln. Es beginnt immer damit, dass man sich vorstellt, wie etwas sein könnte. Dies geht im Kleinen wie im Großen. Um das Ganze zu üben, stellen Sie sich einfach vor, Sie hängen ein Bild von einem Maler auf, zum Beispiel von Andy Warhol, an eine bestimmte Wand. Somit haben Sie eine Vision. Man kann die Vision lenken oder sie einfach entstehen lassen. Die Visionen, die einfach entstehen, sind die wichtigsten. Sie kommen aus dem Unbewussten und manifestieren sich im Bewusstsein, wenn man sie wahrnimmt.

Und das ist genau der Punkt: Jeder Mensch hat Visionen, jeder Mensch träumt, jeder Mensch hat Ideen. Doch oft werden diese Visionen als Spinnerei abgetan. Oder noch nicht einmal richtig wahrgenommen. Denn diese Vorstellungen sind oft nicht realistisch. Es sind Wunschträume – wie man es gerne hätte. Man kann sie aber sehen. Und man sollte sie nicht übersehen. Denn sie sind wichtig, vielleicht der Schlüssel für die Zukunft. Sie sind das Samenkorn, aus dem eine kräftige Eiche werden kann.

Sämtliche große Erfindungen und Unternehmungen waren anfangs nur die Vision eines Einzelnen. Diese Vorstellungen wurden von dem jeweiligen Visionär »wahr-genommen« und dann umgesetzt. Jeder geplanten Unternehmung liegt eine Vision zugrunde.

Auch Ihre Vision kann in die Realität umgesetzt werden. Doch dazu müssen Sie sie zunächst richtig wahrnehmen und an sie glauben. Aus dieser Kraft wird zwangsläufig die Strategie der Umsetzung entstehen.

Sagen Sie jetzt: »Das geht doch nicht, das ist doch alles nur Gerede?« Dann frage ich Sie, wie denn die Welt von dem, was Sie wollen, Kenntnis erlangen kann, wenn Sie es ihr nicht erzählen? Sicher gibt es Hellseher, aber sagen Sie doch der Welt besser selbst, was Sie wollen. Erst dann kommt in der Regel auch jemand darauf, dass Ihr Vorhaben eine ganz tolle Sache ist, die jemand haben will.

Wahrscheinlich sind Sie in der letzten Zeit sehr oft von Menschen enttäuscht worden, haben immer nur Absagen bekommen und glauben jetzt einfach nicht mehr daran, dass noch irgendeines Ihrer Vorhaben funktionieren könnte. Doch gerade hier ist es wichtig, wieder an das Eigene zu glauben. Sie können Ihren Wert nur nach außen darstellen, wenn Sie selbst an sich glauben. Alles andere ist ein Trugschluss. Also: Es geht um Sie, um Ihren Glauben, um Ihre Vision!

Also lassen Sie uns dahin kommen, wie man Schritt für Schritt erreicht, seine Visionen wahrzunehmen, daran zu glauben und sie dann auch umzusetzen. Es geht um Sie und um Ihr Ziel!

Nur mit einer Vision können Sie auch den Weg dorthin finden.

Wie finde ich zu meiner Vision?

Für uns ist es jetzt zunächst einmal wichtig, wo Sie in fünf Jahren sein wollen. Und dabei spielt es überhaupt keine Rolle, was Sie können oder auch nicht. Es geht wirklich nur um das, was Sie in fünf Jahren tun wollen, wenn Sie es sich vollkommen frei aussuchen können. Sie dürfen einfach träumen, frei fantasieren. Es kann Ihr Kindheitstraum sein, es kann alles sein. Hauptsache ist, Sie lassen Ihren Wünschen freien Lauf.

Ich hatte vor einiger Zeit einen 56-jährigen Außendienstmitarbeiter bei mir zur Beratung. Er hatte 30 Jahre im Außendienst gearbeitet und war dann zwei Jahre arbeitslos. Er malte seinen Kindheitstraum: Lokführer. Bereits drei Tage später führte er ein Bewerbungsgespräch bei einer kleinen Privatbahn und fuhr im Führerstand mit. Er wird jetzt wahrscheinlich die Ausbildung zum Lokführer machen. Mit der Kraft seiner Vision konnte er den Geschäftsführer von sich überzeugen. Allein mit solchen Beispielen könnte ich dieses Buch füllen. Aber jetzt geht es darum, dass Sie Ihre Vision erkennen, sie entfalten lassen und dann auch tatsächlich umsetzen.

Wenn Sie bereits eine klare Vision haben, dann sind Sie schon sehr weit. Sie wird dann in diesem Kapitel nur noch stärker werden. Wenn Sie dagegen noch überhaupt nicht wissen, wohin Sie wollen, gibt es die verschiedensten Möglichkeiten, dies herauszufinden:

- Tun Sie etwas, wobei Sie lange körperlich aktiv und allein sind (zum Beispiel Laufen, Radfahren, Langlaufen, Tanzen, Schwimmen oder großflächige Putzarbeiten). Nach etwa einer Stunde wird allmählich Ihr Geist frei, und es steigen Gedanken und Visionen in Ihnen hoch. Einfach so. Es sind Geschenke, die einem zufallen. Sie kommen aber erst, wenn Sie nicht mehr darauf warten. Doch dann werden diese Gedanken Sie erfüllen, sofern Sie es zulassen.
- Sie meditieren. Auch hier wird irgendwann das Gleiche passieren. Dabei ist die Meditationsart, die Sie anwenden, nicht entscheidend. Sie brauchen nur einen Zugang. Versuchen Sie die eine oder andere Methode, Sie werden herausfinden, welche Ihnen liegt. Es ist egal, ob Sie in der Kirche einen Rosenkranz beten, eine Sufi-Meditation machen oder sich vor einen Baum setzen. Nur tun müssen Sie es!
- Eine weitere gute Variante ist die Entspannungsübung. Diese Methode funktioniert sehr effizient und zielgerichtet, sie überführt Sie in einen Zustand zwischen Schlafen und Wachsein. In diesem Alpha genannten Zustand haben Sie einen Zugang zu Ihrem Unbewussten und können diesem direkte Fragen stellen. Und Sie können ohne Kontrolle des Bewusstseins direkt Ihr Denken beeinflussen. Sie legen sich ausgestreckt auf eine weiche Unterlage, die Hände neben sich, und lassen sich den im Anhang befindlichen Entspannungstext vorlesen. Wenn Sie niemanden zum Vorlesen haben, können Sie den Text auf eine Kassette sprechen oder auch meine CD zum Buch bestellen. Wichtig dabei ist, dass Sie den Text langsam sprechen. Sie können

auch nach Belieben Pausen einfügen. Wenn Sie zur Entspannung noch Musik wünschen, so eignen sich dazu spezielle Entspannungsmusik oder auch Largo-Sätze aus der Barock-Musik (zum Beispiel Mozart oder Telemann).

Wenn die Vision nun entstanden oder am Entstehen ist, dann nehmen Sie sich erst einmal Zeit. Begeben Sie sich an einen schönen Ort mit genügend Platz, legen Sie inspirierende Musik auf, holen Sie sich etwas zum Trinken, schalten Sie sämtliche Telefone und Türklingeln ab. Sie gönnen sich jetzt endlich einmal Zeit für sich, ein bis zwei Stunden. Jetzt brauchen Sie noch ein großes Papier (Flipchart, Packpapier, Tapetenrückseite oder Ähnliches). Darauf malen Sie mit dicken Stiften Ihre Vision. Wenn Sie nicht wissen, womit Sie anfangen sollen, beginnen Sie einfach irgendwo mit irgendetwas. Bald kommt ein Gedanke zum anderen. Erlauben Sie sich jede Freiheit, es geht um kein bestimmtes Ergebnis. Das Wichtigste dabei ist wieder einfach nur:

Damit anfangen und es einfach tun!

Jetzt meinen Sie: »Ich kann doch nicht malen. Schon in der Schule mochte ich das nicht.« Das kann ich gut nachvollziehen. Es ging mir auch immer so. Doch hier handelt es sich um etwas anderes. Es kommt überhaupt nicht auf Schönheit und Perfektion an. Sondern darauf, dass Sie Ihre inneren Bilder manifestieren und nach außen bringen. Erst wenn Sie diese vor sich sehen, können Sie sie auch realistisch begutachten. Sonst tun Sie sie innerlich weiterhin als Hirngespinste ab. Und irgendwann haben Sie keine Lebenszeit mehr, um das zu tun, was Sie eigentlich wollten. Sie können Ihre Visionen dann zwar noch zu-

lassen, aber Sie können sie nicht mehr leben. Wer zu spät kommt ...

Also fangen Sie an, und begeben Sie sich auf Ihre Reise. Ich selbst male diese Visionsbilder immer wieder mit den Teilnehmern meiner Seminare und bin jedes Mal erstaunt, dass die Bilder immer wieder anders aussehen, obwohl viele Teile auch gleich bleiben. Daran erkenne ich, welche Teile meiner Vision(en) für mich sehr wichtig sind. Und künstlerisch wertvoll sind meine Bilder mit Sicherheit nicht.

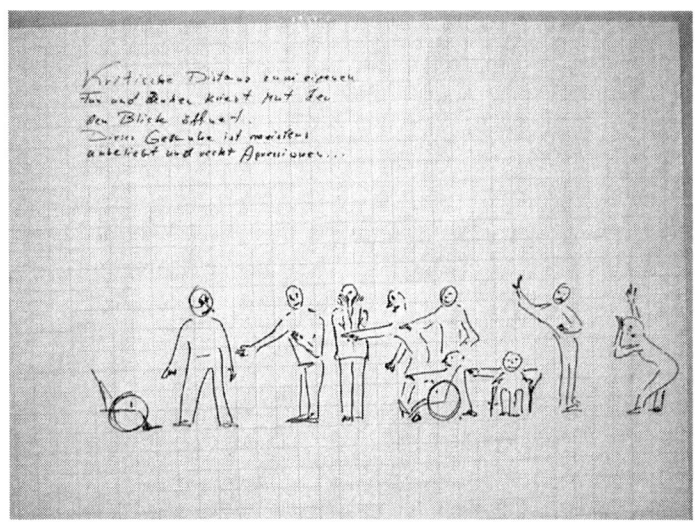

Wie erzeugt meine Vision die Kraft, sie umsetzen?

Schön, Sie haben Ihre Vision nun gemalt.

Jetzt werden Sie sich sagen: »Na und, ein schönes Bild, aber ich komme doch nie dahin, bei mir hat nie etwas geklappt. Wenn ich noch nicht einmal einen Job im Supermarkt an der Kasse bekomme, warum sollte mich dann jemand wegen meiner Vision anstellen? Das ist doch alles Spinnerei. Ich bin zu alt, ich bin zu jung, ich habe das nicht gelernt, ich habe keine Computerkenntnisse, ich bin überqualifiziert, ich bin gesundheitlich nicht fit und so weiter.« Diese Litanei höre ich viel zu oft. Eigentlich sollte ich mich wundern, dass überhaupt noch jemand Arbeit findet bei diesen ganzen Ausreden ...

Letztendlich stecken dahinter nur mangelnder Glaube an sich selbst, fehlender Mut zur Vision und eine daraus resultierende Kraftlosigkeit. Also vergessen Sie einmal die altbekannten Ausflüchte.

Schauen Sie sich Ihre Vision nun noch einmal an, und malen Sie sich aus, dass Sie diese nun auch tatsächlich umsetzen. Stellen Sie sich einfach einmal vor, dass das, was da vor Ihnen auf dem Papier steht, in fünf Jahren tatsächlich so ist. Wäre das nicht fantastisch? Das ist es, es ist fantastisch! Und das Fantastischste an der Sache ist, dass es nicht nur Fantasie bleibt und Sie Ihrer Vision auf jeden Fall wesentlich näher kommen können, als Sie es jetzt sind. Und zwar, je mehr Sie daran glauben.

Die Pyramide

Sie können sich Ihre Arbeitsplätze auf dem Weg zum Ziel als Pyramide vorstellen. Sie können ganz unten oder einfach bei der Spitze anfangen. Die Pyramidenspitze ist Ihre Vision. Die Wahrscheinlichkeit, nahe der Spitze zu landen, ist wesentlich höher, wenn Sie nicht am Boden anfangen zu suchen. So geht der Weg folgerichtig von oben nach unten. Und jeder Arbeitsplatz, der oben in der Pyramide zu finden ist, wird angegangen, bevor Sie unten zu wühlen anfangen. Jeder Arbeitgeber oder Kunde in der Spitze muss wissen, dass es Sie gibt. Also, auf geht es zur Spitze!

Und jetzt werden Sie sich auf den Weg begeben, um das auch selbst erleben zu können. Fangen wir damit an!

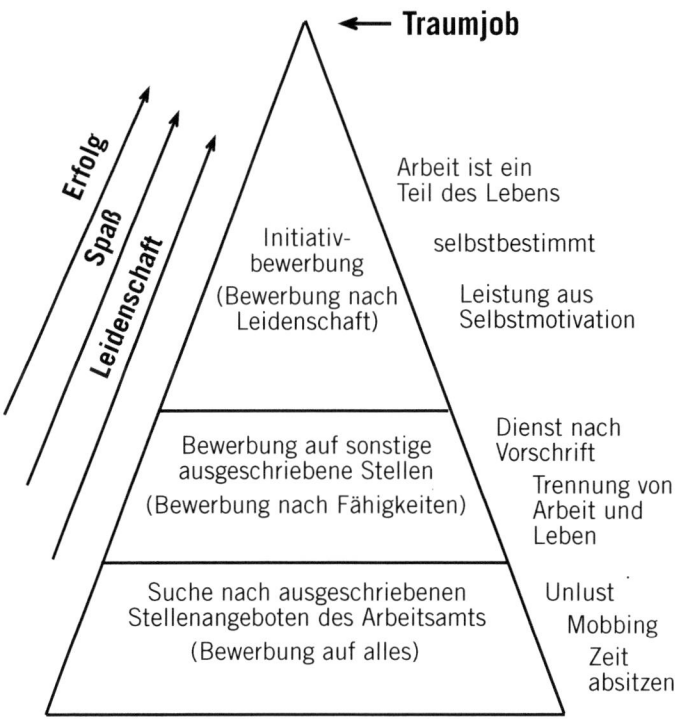

Beruflicher Interessentest

Zuerst schauen wir uns Ihre persönlichen Interessen an. Was macht Ihnen Spaß? Dafür habe ich einen Interessentest mit 240 Fragen entwickelt, den Sie als Nächstes ausfüllen können. Auf meiner CD (zu bestellen unter www.vermittlungscoach.de) finden Sie diesen Test ebenfalls – zusätzlich mit einer automatischen Auswertung.

Und nun zu dem Test. Es geht dabei nur um Ihre Interessen und darum, was Ihnen Spaß machen würde. Ob Sie etwas können, ist unerheblich.

Bitte vergeben Sie Punkte nach Ihren persönlichen Interessen. Für etwas, was Sie sehr stark interessiert, vergeben Sie 5 Punkte. Was Sie überhaupt nicht interessiert, erhält 0 Punkte. Je nach Ausprägung Ihres Interesses können Sie auch 1, 2, 3 oder 4 Punkte vergeben.

Sehr wichtig: Gehen Sie bei der Beantwortung nur nach dem, was Sie interessiert, und nicht danach, was Sie können!!

8 Teller Speisen gleichzeitig tragen	⓪①②③④⑤	E
Abends und nachts arbeiten	⓪①②③④⑤	E
Alkoholiker bei der Entwöhnung beistehen	⓪①②③④⑤	C
Alte Menschen pflegen	⓪①②③④⑤	C
Am Fernsehturm Antennen installieren	⓪①②③④⑤	H
Am Flughafen Autos verleihen	⓪①②③④⑤	S
Am Flughafen Fluggäste abfertigen	⓪①②③④⑤	V
In einer Fußgängerzone Gemüsehobel an einem Stand verkaufen	⓪①②③④⑤	S
Am Wochenende arbeiten	⓪①②③④⑤	E
In einem Supermarkt an der Kasse sitzen	⓪①②③④⑤	S
An einer Kasse eines großen Kaufhauses sitzen	⓪①②③④⑤	V
Angebote am PC erstellen	⓪①②③④⑤	V

Wie erzeugt meine Vision die Kraft, sie umzusetzen?

Auf einem Stadtteilmarkt biologisches Gemüse anbieten	⓪①②③④⑤	S
Auf einer Ölbohrinsel arbeiten	⓪①②③④⑤	H
Bäume fällen	⓪①②③④⑤	H
Baupläne mit einem CAD-Programm umsetzen	⓪①②③④⑤	T
Bei einem Verletzten einen Verband wechseln	⓪①②③④⑤	C
Bei Kunden zu Hause Tupperware präsentieren	⓪①②③④⑤	S+H
Bestellformulare ausfüllen	⓪①②③④⑤	V
Betten beziehen	⓪①②③④⑤	E
Blumen pflanzen	⓪①②③④⑤	H
Blut unter dem Mikroskop nach Brionen untersuchen	⓪①②③④⑤	W
Büroräume reinigen	⓪①②③④⑤	H
Damen beim Kauf eines Kleides beraten	⓪①②③④⑤	S
Das Computerproblem in einem Netzwerk lösen	⓪①②③④⑤	T
Das Design eines neuen CD-Players entwerfen	⓪①②③④⑤	G
Das Erbgut des Menschen entschlüsseln	⓪①②③④⑤	W
Debitoren- und Kreditorenbuchhaltung	⓪①②③④⑤	V
Dem Familienvater das neueste Modell einer Großraumlimousine verkaufen	⓪①②③④⑤	S
Den Gehalt von Nitrat in Lebensmitteln testen	⓪①②③④⑤	W
Den Ph-Wert von Wasser in einem Swimming-Pool bestimmen	⓪①②③④⑤	W
Den Schweißroboter zur Fertigung des neuen 3er BMW installieren	⓪①②③④⑤	T
Die Aerodynamik eines Formel-1-Fahrzeugs verbessern	⓪①②③④⑤	W
Die Auswirkungen von Arbeitslosigkeit auf das Vermögen von Arbeit Suchenden untersuchen	⓪①②③④⑤	W
Die Auswirkungen der Handy-Benutzung auf die Krebshäufigkeit untersuchen	⓪①②③④⑤	W

Die Beleuchtung bei Filmaufnahmen gestalten	⓪①②③④⑤	G
Die Farbe für Vorhänge auswählen	⓪①②③④⑤	G
Die Haltbarkeit von Aluminium im Vergleich zu Stahl im Automobilbau bestimmen	⓪①②③④⑤	W
Die Homepage für einen Reiseveranstalter gestalten	⓪①②③④⑤	G
Die Hydraulik für einen überdimensionierten Autokran bauen	⓪①②③④⑤	T
Die Menge des eingesetzten Kunststoffs für einen neuen Becher berechnen	⓪①②③④⑤	T
Die Probleme anderer Menschen anhören	⓪①②③④⑤	C
Die Profiltiefe von Reifen in Bezug auf die Unfallhäufigkeit untersuchen	⓪①②③④⑤	W
Die Radioaktivität von Pilzen bestimmen	⓪①②③④⑤	W
Die Schädlichkeit eines neuen Medikaments prüfen	⓪①②③④⑤	W
Die Stückliste für eine neue Lichtmaschine zusammenstellen	⓪①②③④⑤	T
Die Ursachen von Schlafstörungen erkunden	⓪①②③④⑤	W
Die Wahrscheinlichkeit bestimmen, dass der amtierende Bundeskanzler das nächste Mal wieder gewählt wird	⓪①②③④⑤	W
Ein altes Gemälde restaurieren	⓪①②③④⑤	H
Ein Bad fliesen	⓪①②③④⑤	H
Ein Bilderbuch grafisch gestalten	⓪①②③④⑤	G
Ein Briefpapier für eine Firma entwerfen	⓪①②③④⑤	G
Ein bruchfestes Glas entwickeln	⓪①②③④⑤	W
Ein Buffet vorbereiten	⓪①②③④⑤	E
Einen Computer entwickeln, mit dem jeder sofort zurechtkommt	⓪①②③④⑤	W
Ein Dach neu eindecken	⓪①②③④⑤	H
Ein Fahrrad reparieren	⓪①②③④⑤	H
Ein Fest gestalten	⓪①②③④⑤	G
Ein Graffiti für eine Fabrikwand anfertigen	⓪①②③④⑤	G
Ein Hochzeitskleid entwerfen	⓪①②③④⑤	G
Ein Informationsblatt als Flugblatt entwerfen	⓪①②③④⑤	G

Wie erzeugt meine Vision die Kraft, sie umzusetzen?

Ein Kraftfahrzeug mit einer Brennstoffzelle ausrüsten	⓪①②③④⑤	T
Ein künstliches Gelenk herstellen	⓪①②③④⑤	T
Ein Logo für ein Einrichtungshaus umgestalten	⓪①②③④⑤	G
Ein Medikament gegen Aids entwickeln	⓪①②③④⑤	W
Eine Montagestraße für Skibindungen mit aufbauen	⓪①②③④⑤	T
Ein Musikstück komponieren	⓪①②③④⑤	G
Ein Nachbarschaftshilfeprojekt organisieren	⓪①②③④⑤	C
Ein Netzwerk in einem Bildungsinstitut aufbauen	⓪①②③④⑤	T
Eine neue Software für den Internetauftritt der Bundesanstalt für Arbeit entwickeln	⓪①②③④⑤	W
Ein neues Gericht nach Rezept kochen	⓪①②③④⑤	E
Ein neues Sportgerät auf seine Sicherheit untersuchen	⓪①②③④⑤	W
Ein Nichtraucherseminar anleiten	⓪①②③④⑤	C
Ein Nudelgericht zubereiten	⓪①②③④⑤	E
Ein Gerät entwickeln, um Kartoffeln im Haushalt nicht mehr schälen zu müssen	⓪①②③④⑤	W
Ein Schaufenster gestalten	⓪①②③④⑤	G
Ein Schulsystem auf seine Effizienz untersuchen	⓪①②③④⑤	W
Ein Verfahren zur Trennung von Nassmüll und Wertstoffen entwickeln	⓪①②③④⑤	W
Ein Vier-Gänge-Menü zubereiten	⓪①②③④⑤	E
Ein Wohnzimmer neu einrichten	⓪①②③④⑤	G
Eine Datenbank eines Online-Anbieters pflegen	⓪①②③④⑤	V
Eine Druckluftanlage in einem Chemiewerk installieren	⓪①②③④⑤	T
Eine Einbauküche einbauen	⓪①②③④⑤	H
Eine Gartenparty veranstalten	⓪①②③④⑤	E
Eine Hauptuntersuchung an einem Kraftfahrzeug durchführen	⓪①②③④⑤	T
Eine Hundehütte bauen	⓪①②③④⑤	H

Eine Jugendgruppe aufbauen	⓪①②③④⑤	C
Eine Kaffeerunde mit älteren Mitbürgern aufbauen	⓪①②③④⑤	C
Eine Kläranlage warten	⓪①②③④⑤	T
Eine Modeboutique einrichten	⓪①②③④⑤	G
Eine neue Oberschale für ein Handy gestalten	⓪①②③④⑤	G
Eine Schwangere beraten	⓪①②③④⑤	C
Eine Segelyacht bauen	⓪①②③④⑤	H
Eine Spritzgussmaschine für Kunststoffteile mit einem neuen Werkzeug ausrüsten	⓪①②③④⑤	T
Eine Steuerung für eine Seilbahn bauen	⓪①②③④⑤	T
Eine Telefonanlage in einem Bürogebäude installieren	⓪①②③④⑤	T
Eine Untersuchung über die Ursachen des Rauchens durchführen	⓪①②③④⑤	W
Eine Urlaubskartei von Mitarbeitern führen	⓪①②③④⑤	V
Eine Vorhersage für den Verlauf einer Flutwelle berechnen	⓪①②③④⑤	W
Eine Weinprobe veranstalten	⓪①②③④⑤	E
Eine Werbekampagne für die Einführung eines neuen Produkts mit entwickeln	⓪①②③④⑤	G
Eine Werksanlage am Bildschirm überwachen	⓪①②③④⑤	V
Eine Zahnspange für ein Kind herstellen	⓪①②③④⑤	T
Eine Zeitung layouten	⓪①②③④⑤	G
Einem Blinden ein Buch vorlesen	⓪①②③④⑤	C
Einem Reisewütigen eine Reise nach Thailand verkaufen	⓪①②③④⑤	S
Einen alten Menschen füttern	⓪①②③④⑤	C
Einen alten Schrank abschleifen	⓪①②③④⑤	H
Einen Bagger zum Einsatz im bergigen Gelände bauen	⓪①②③④⑤	T
Einen Bauplan für ein Haus entwerfen	⓪①②③④⑤	G
Einen behinderten Menschen baden	⓪①②③④⑤	C
Einen bemannten Raumflug zum Mars vorbereiten	⓪①②③④⑤	W

Wie erzeugt meine Vision die Kraft, sie umzusetzen?

Einen Blumenstrauß für eine Hochzeit zusammenstellen	⓪①②③④⑤	G
Einen Dachstuhl aufbauen	⓪①②③④⑤	H
Einen der Person angepassten Farbton für einen Lippenstift auswählen	⓪①②③④⑤	G
Einen Diätplan für Diabetiker erstellen	⓪①②③④⑤	E
Einen Fernseher reparieren	⓪①②③④⑤	T
Einen Garten eines Mehrfamilienhauses gestalten	⓪①②③④⑤	G
Einen Golf elektronisch aufrüsten	⓪①②③④⑤	T
Einen Haushalt für eine fremde Familie führen	⓪①②③④⑤	E
Einen Kamin kehren	⓪①②③④⑤	H
Einen Kirchenchor leiten	⓪①②③④⑤	C
Einen Lastwagen fahren	⓪①②③④⑤	H
Einen Mann beim Kauf von Babyartikeln beraten	⓪①②③④⑤	S
Einen Melkstand für Kühe warten	⓪①②③④⑤	T
Einen Menüplan für ein Firmenfest ausarbeiten	⓪①②③④⑤	E
Einen Messestand entwerfen	⓪①②③④⑤	G
Einen Messestand aufbauen	⓪①②③④⑤	H
Einen Mobilfunkmast installieren	⓪①②③④⑤	T
Einen Motor zerlegen	⓪①②③④⑤	H
Einen Parkettboden verlegen	⓪①②③④⑤	H
Einen PC aufrüsten	⓪①②③④⑤	T
Einen Prototypen eines neuen Hydraulikventils bauen	⓪①②③④⑤	T
Einen Quantenrechner entwickeln	⓪①②③④⑤	W
Einen Rollstuhlfahrer betreuen	⓪①②③④⑤	C
Einen Schaltkreis für die Überwachung eines Gebäudes entwerfen	⓪①②③④⑤	T
Einen Schaltplan für eine elektronische Kaffeemaschine zeichnen	⓪①②③④⑤	T
Einen Schaltschrank in einem Kraftwerk bestücken	⓪①②③④⑤	T
Einen Schrank bauen	⓪①②③④⑤	H

Tätigkeit	Bewertung	
Einem Selbstmordgefährdeten wieder Lebensmut geben	⓪①②③④⑤	C
Einen Speicher im Trockenbau ausbauen	⓪①②③④⑤	H
Einen Teppichboden verlegen	⓪①②③④⑤	H
Einen Tisch für eine große Feier decken	⓪①②③④⑤	E
Einen Werbefilm drehen	⓪①②③④⑤	G
Eingangskontrollen vornehmen	⓪①②③④⑤	V
Ersatzteile in einem Lager neu sortieren und den Bestand ermitteln	⓪①②③④⑤	V
Essen portionsweise verpacken	⓪①②③④⑤	E
Farben zur Gestaltung einer Außenfassade auswählen	⓪①②③④⑤	G
Frauen beim Kauf einer neuen Waschmaschine die Vorteile einer 6-kg-Trommel vermitteln	⓪①②③④⑤	S
Freunde bei der Geldanlage beraten	⓪①②③④⑤	S
Für die Lufthansa Tickets verkaufen	⓪①②③④⑤	S
Gemüse putzen und schneiden	⓪①②③④⑤	E
Geschirr spülen	⓪①②③④⑤	E
Getränke servieren	⓪①②③④⑤	E
Gläser polieren	⓪①②③④⑤	E
Herren beim Anzugkauf beraten	⓪①②③④⑤	S
Hotelzimmer reinigen	⓪①②③④⑤	E
In der Leistungsabteilung des Arbeitsamts Anträge auf Arbeitslosengeld bearbeiten	⓪①②③④⑤	V
Im Kindergarten mit Kindern spielen	⓪①②③④⑤	C
Im Kopf rechnen	⓪①②③④⑤	E
Im Krankenhaus einen Kernspintomographen warten	⓪①②③④⑤	T
Im Labor eine Dialyse-Maschine instand setzen	⓪①②③④⑤	T
Im Tierheim arbeiten	⓪①②③④⑤	C
In der kommunalen Parküberwachung Strafmandate vergeben	⓪①②③④⑤	V
In der Lebensmittel verarbeitenden Industrie eine Zentrifuge installieren	⓪①②③④⑤	T
In der Stadtverwaltung die Einwohnermeldekartei pflegen	⓪①②③④⑤	V

In der Telefonzentrale Gespräche entgegennehmen	⓪①②③④⑤	V
In einem Baufachmarkt Kunden in der Holzabteilung beraten	⓪①②③④⑤	S
In einem Bücherfachgeschäft Leser beraten	⓪①②③④⑤	S
In einem Computerladen Kunden beim Kauf eines Netzwerks beraten	⓪①②③④⑤	S
In einem Einrichtungshaus eine Familie beim Kauf einer Einbauküche beraten	⓪①②③④⑤	S
In einem Ersatzteillager Ware ausgeben	⓪①②③④⑤	V
In einem Flugzeug Speisen servieren	⓪①②③④⑤	E
In einem Fotofachgeschäft den Kunden beim Kauf einer Kamera helfen	⓪①②③④⑤	S
In einem Handwerksbetrieb Rechnungen schreiben	⓪①②③④⑤	V
In einem Haus Rohre verlegen	⓪①②③④⑤	H
In einem Heim Waisenkinder betreuen	⓪①②③④⑤	C
In einem Kaufhaus an einer Kasse sitzen	⓪①②③④⑤	S
In einem Krankenhaus die Patientenabrechnungen durchführen	⓪①②③④⑤	V
In einem Lager den Lagerbestand verwalten	⓪①②③④⑤	V
In einem Sexshop Videos verkaufen	⓪①②③④⑤	S
In einem Supermarkt Regale auffüllen	⓪①②③④⑤	V
In einem Versicherungsbüro Lebensversicherungen verkaufen	⓪①②③④⑤	S
In einer Anwaltskanzlei Schriftsätze tippen	⓪①②③④⑤	V
In einer Bibliothek Bücher katalogisieren	⓪①②③④⑤	V
In einer Bibliothek nach alten Forschungen recherchieren	⓪①②③④⑤	W
In einem Blumengeschäft Topfpflanzen verkaufen	⓪①②③④⑤	S
In einer Parfümerie Nagellacke demonstrieren	⓪①②③④⑤	S
In einer Zeitarbeitsfirma Sachbearbeiter vermitteln	⓪①②③④⑤	S
In Indien Erdbebenopfer bei der Organisation des Aufbaus ihrer Häuser helfen	⓪①②③④⑤	C

Inventur in einer Abteilung eines Kaufhauses durchführen	⓪①②③④⑤	V
Jemanden zu einer neuen Frisur beraten	⓪①②③④⑤	G
Kinderbekleidung entwerfen	⓪①②③④⑤	G
Kindern das Einmaleins beibringen	⓪①②③④⑤	C
Körperlich hart arbeiten	⓪①②③④⑤	E
Kunden beim Schuhe anprobieren helfen	⓪①②③④⑤	S
Kunden in einem Geschenkartikelladen beraten	⓪①②③④⑤	S
Lohn- und Gehaltsabrechnungen durchführen	⓪①②③④⑤	V
Materialbestände überwachen und Bestellungen ausführen	⓪①②③④⑤	V
Mathematische Probleme lösen	⓪①②③④⑤	W
Mehrsprachige Kunden an einer Hotelrezeption beraten	⓪①②③④⑤	E
Mit Arbeitslosen ein Bewerbungstraining machen	⓪①②③④⑤	C
Mit Arbeit Suchenden einen beruflichen Erfolgsplan entwickeln	⓪①②③④⑤	C
Mit Drogenabhängigen ein Zeltwochenende veranstalten	⓪①②③④⑤	C
Mit Menschen vieler Nationen zusammenarbeiten	⓪①②③④⑤	E
Mit Provisionen Geld verdienen	⓪①②③④⑤	S
Mit Schülern Hausaufgaben machen	⓪①②③④⑤	C
Mit schwierigen Jugendlichen eine Freizeit gestalten	⓪①②③④⑤	C
Möbel ausfahren und aufstellen	⓪①②③④⑤	H
Modeentwürfe für eine Avantgarde-Modefirma zeichnen	⓪①②③④⑤	G
Obdachlose unter der Brücke betreuen	⓪①②③④⑤	C
Per Telefon Bestellungen für einen Online-Shop aufnehmen	⓪①②③④⑤	V
Pferde versorgen	⓪①②③④⑤	H
Pflanzen im Hochgebirge bestimmen	⓪①②③④⑤	W
Fotos für eine Lifestyle-Zeitschrift machen	⓪①②③④⑤	G

Porträtaufnahmen für ein Passbild machen	⓪①②③④⑤	G
Rasen mähen	⓪①②③④⑤	H
Reifen wechseln und aufziehen	⓪①②③④⑤	H
Sachbearbeitung für eine Krankenkasse zur Bewilligung von Zahnersatzleistungen	⓪①②③④⑤	V
Sachbearbeitung in der Buchhaltung eines Großunternehmens	⓪①②③④⑤	V
Säumige Kunden mahnen	⓪①②③④⑤	V
Schuhe flicken	⓪①②③④⑤	H
Schuldner beim Abbau ihrer Schulden beraten	⓪①②③④⑤	C
Senioren den Umgang mit PC und Internet beibringen	⓪①②③④⑤	C
Sozialhilfeempfängern zeigen, wie sie besser mit ihrem Geld umgehen können	⓪①②③④⑤	C
Speditionsscheine erstellen	⓪①②③④⑤	V
Speisen in einem Restaurant den Gästen bringen	⓪①②③④⑤	E
Spritzen aufziehen und Injektionen vornehmen	⓪①②③④⑤	C
Stromleitungen in einer Fabrik verlegen	⓪①②③④⑤	H
Theaterkarten verkaufen	⓪①②③④⑤	S
Türen und Fenster streichen	⓪①②③④⑤	H
Unter der Beobachtung von Kunden stehen	⓪①②③④⑤	E
Unter Zeitdruck arbeiten	⓪①②③④⑤	E
Verfahrensanweisungen im Qualitätsmanagement für eine mittelständische Firma entwickeln	⓪①②③④⑤	W
Viele verschiedene Tätigkeiten gleichzeitig erledigen	⓪①②③④⑤	E
Von zu Hause aus am Telefon Premiere-World-Verträge verkaufen	⓪①②③④⑤	S
Wahlvorhersagen für die nächste Bundestagswahl entwickeln	⓪①②③④⑤	W
Weine verschiedener Herkunft anbieten	⓪①②③④⑤	S
Zahlungseingänge überprüfen	⓪①②③④⑤	V
Zubereitung von vielen Speisen gleichzeitig	⓪①②③④⑤	E

Auswertung

So, nun haben Sie sich viel Mühe gegeben, die vielen Fragen zu beantworten. Das war der erste Teil. Nun kommt die Auswertung, die wieder ein wenig Arbeit macht.

Dazu nehmen Sie ein Blatt Papier und zeichnen darauf acht Spalten. Zählen Sie nun nacheinander die Punkte zusammen, die Sie in den einzelnen Kategorien, also »E«, »S«, »W« und so weiter, vergeben haben.

Wenn Sie damit fertig sind, tragen Sie das Endergebnis in diese Tabelle ein:

Kategorie	Inhalt der Kategorie	Meine Punkte
E	Ernährung/Gastgewerbe	
W	Wissenschaft/Forschung	
S	Verkauf	
V	Verwaltung	
C	Soziales/Medizin	
H	Handwerk	
G	Gestaltung	
T	Technik	

Sehen Sie jetzt noch einmal alle Fragen des Tests durch, und markieren Sie die Fragen, die Sie mit 4 oder 5 Punkten bewertet haben. Hier werden wahrscheinlich Ihre beruflichen Schwerpunkte der nächsten Jahre liegen.

Lassen Sie uns auf die Reise dorthin gehen!

Wo eine Wille ist, wird es für Sie einen Weg geben.

Hier noch ein paar Interpretationen für den Test

- Gestaltung
  Steht für jede Art des kreativen Handelns.
  Sie gestalten gerne und brauchen dazu Spielräume. Sie haben viele Träume und wollen diese ausleben.
- Wissenschaft/Forschung
  Sie lösen gerne komplexe Fragestellungen und haben Spaß an problemlösendem Handeln. Sie lieben Schwierigkeiten. Sie sind ein Mensch, der gerne mit seinem Kopf arbeitet. Sie denken analytisch.
- Verkauf
  Es macht Ihnen Spaß, andere Menschen zu beraten und zu überzeugen. Sie wollen sich in die erfolgreiche Vermittlung von Produkten einarbeiten.
- Technik
  Es macht Ihnen Spaß, wenn etwas technisch funktioniert. Sie wollen auch mit Ihren eigenen Händen arbeiten.
- Ernährung/Gastgewerbe
  Mit den Händen arbeiten, hohe Arbeitsbelastung, es muss sich etwas rühren. Sie essen gerne. Sie bedienen gerne. Sie wollen anderen etwas Gutes tun.
- Handwerk
  Sie arbeiten gerne mit den Händen. Sie brauchen eine Werkstätte und das Körpergefühl bei der Arbeit. Sie wollen am Abend sehen, was Sie geschafft haben.
- Verwaltung
  Sie lieben Papier und den PC. Das Büro ist Ihre Welt. Sie möchten Aktenstapel abarbeiten. Sie wollen mit Buchstaben und Zahlen arbeiten.
- Soziales/Medizin
  Sie wollen Menschen helfen. Sie möchten andere unter-

stützen und beraten. Sie müssen mit Menschen oder Tieren zu tun haben. Sie sind kommunikativ.

Selbstverständlich ist es möglich, dass Sie bei mehreren Kategorien eine sehr hohe Punktzahl erzielt haben. Dann müssen Sie die Ergebnisse entsprechend kombinieren. Bei Ihrem Wunscharbeitsplatz sollten alle Ihre Interessen gebraucht werden.

Vergleichen Sie nun Ihre Vision mit den Punkten, die bei diesem Test herausgekommen sind. Wenn Ihre Vision schon stark ist, dann stimmen die Ergebnisse mit der Vision überein. Sie sind damit auf dem richtigen Weg.

Stimmen die Ergebnisse überhaupt nicht mit der Vision überein, dann stimmt etwas an Ihrer Vision noch nicht. Fangen Sie am besten noch einmal von vorne an. Es hat im Moment keinen Sinn, weiterzulesen. Sie werden auf keinen grünen Zweig kommen, Sie haben Ihre Vision noch nicht. Gehen Sie also zum Kapitel »Wie finde ich meine Vision?« zurück, und wiederholen Sie die Schritte, bis eine Vision in Ihnen reift, die Sie später auch realisieren können.

Wenn nun die Vision mit dem Interessentest übereinstimmt, wissen Sie auf jeden Fall, dass Sie gefunden haben, was Sie tatsächlich tun wollen. Und wo Ihr Wille liegt, liegt auch Ihre Kraft.

Die Stolpersteine

Was liegt alles auf dem Weg nach oben?

Um Ihre Kraft voll entfalten zu können, brauchen Sie das Gefühl, dass Ihre Vision und Sie zusammengehören. Nehmen Sie sich die Rückseite einer mindestens drei Meter langen Tapetenbahn. Kleben Sie nun oben auf die Tapetenbahn Ihr Visionsbild. Und ganz unten malen Sie sich selbst ganz klein als Strichmännchen. Das spiegelt vermutlich das Gefühl, das Sie schlimmstenfalls beim Gedanken an die Umsetzung Ihrer Vision haben könnten. Lassen Sie uns auch dieses Gefühl einmal wahrnehmen.

Malen Sie jetzt von dort unten einen verschlungenen Pfad bis hoch zu Ihrer Vision. So gewunden, wie Sie ihn erwarten. Nun liegt da schon einmal ein Weg. Allerdings melden sich jetzt auch alle Bedenken. Und hier gehören sie auch alle her, werden als lauter Stolpersteine auf diesen Weg gemalt und auch als solche bezeichnet. Diese vielen Steine hemmen Sie, an Ihre Visionen zu glauben. Jetzt dürfen Sie sämtliche Bedenken herauslassen und auf das Papier malen. Hören Sie nicht auf, bevor nicht auch wirklich der letzte Zweifel als Wegsperre auf dem Papier vermerkt wurde. Sie dürfen sich jetzt noch einmal als Meister der negativen Gedanken aufspielen und ein richtiges Geröllfeld auf Ihren Weg schütten.

Und ein Geröllfeld ist es dann auch. Die Erfüllung Ihrer Vision bekommen Sie nicht als Lottogewinn, sondern sie ist der Lohn für harte Arbeit. Sie wollen ja auch die Früchte genießen. Und ein Genuss stellt sich in der Regel erst dann ein, wenn ich dafür auch etwas getan habe.

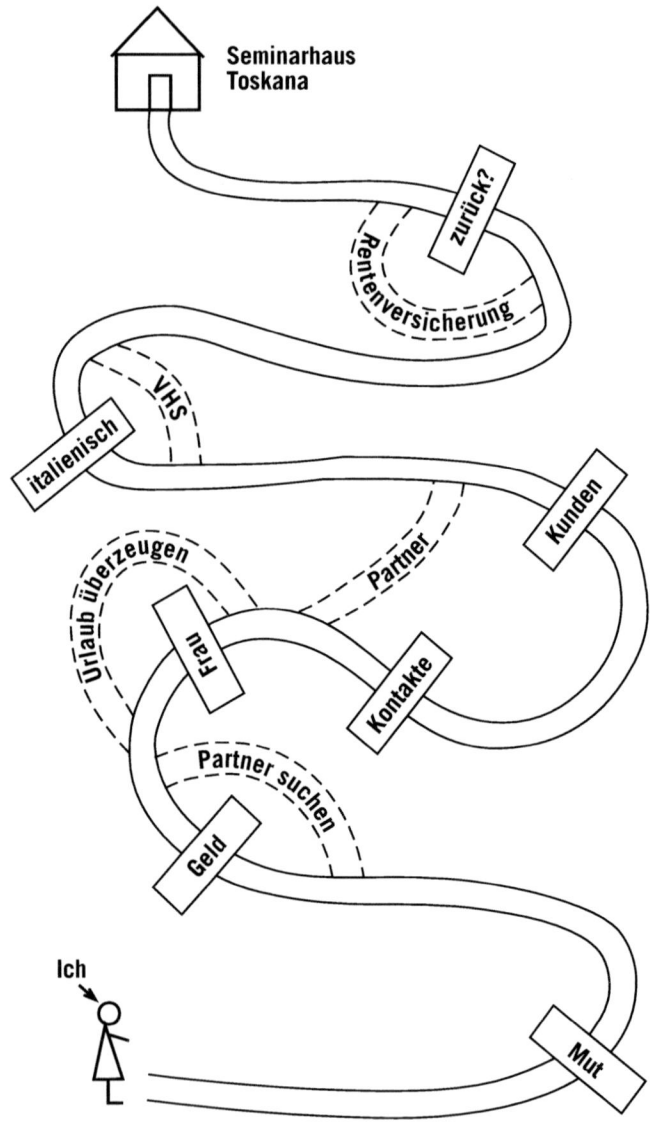

Wie kann man Stolpersteine überwinden?

Sie sind nun am tiefsten Punkt angelangt, mit dem Gefühl: Das schaffe ich nie. Aber jetzt werden Sie sich zu jedem Stolperstein überlegen, wie Sie ihn aus dem Weg bekommen können, oder wie Sie einen Weg darum herum finden können. Das Gute dabei ist, dass Sie noch einen Überblick über die Sache haben und nicht direkt vor dem Stein stehen. Also werden Sie zunächst bei den Steinen anfangen, die leicht wegzubekommen sind. Dazu nehmen Sie sich einen Bleistift und schreiben neben den jeweiligen Stein alles, was Ihnen einfällt, wie dieser Stein zu überwinden ist.

Fangen Sie einfach dort an, wo Sie zuerst eine Idee haben. Wenn wir jetzt zum Beispiel an den Lokomotivführer denken, so könnte auf den Stolpersteinen stehen: Ich bin zu alt, die Ausbildung kostet 35 000 Euro, ich habe nur einen Führerschein Klasse 3, ich wohne nicht in der Nähe des Betriebswerks, ich habe nie mit Fahrzeugen gearbeitet.

Dagegen könnten Sie sagen:
- Ich fühle mich mit 56 Jahren fit. Wer sagt, dass ich mit 65 Jahren aufhören muss zu arbeiten? Die Ausbildung lohnt sich bei mir auf jeden Fall. Ich weiß, dass ich das noch 10 Jahre machen kann. Wenn sie einen Jüngeren ausbilden – ob der 10 Jahre bleibt?
- Ich erkundige mich, ob mein Führerschein Klasse 3 nicht reicht.
- Ich kann dorthin umziehen. Die Gegend gefällt mir sehr gut.
- Bis zur Ausbildung kann ich ein kostenloses Praktikum im Betriebswerk anbieten. Ich wollte schon lange in einer Werkstatt arbeiten. Auch das ist ein Kindheitstraum von mir.

Nun werden auch Sie sicher schon einige Ideen haben, wie Sie welchen Stolperstein aus dem Weg bekommen können. Dennoch werden Sie nicht alle auf einmal schaffen. Doch mit einigem Nachdenken kommen Sie hier in der Regel recht schnell weiter. Für einige Steine müssen Sie sicherlich auch noch einiges tun. Aber Sie haben ja schließlich fünf Jahre dazu Zeit. Für die Steine, für die Sie jetzt noch keine Lösung haben, werden sich auch noch Möglichkeiten auftun.

Bereits jetzt haben Sie etwas Großartiges erreicht: Sie verfügen über eine Vision und haben einen Weg gefunden, diese umsetzen zu können. Das allein wird in Ihnen neue Kräfte freisetzen. Sie werden auf den Weg bringen, was Ihnen vorher unmöglich schien. Das Bild Ihrer Vision wird Ihnen vor Augen bleiben, Sie können es nicht mehr verwischen.

Und nachdem Ihr Plan steht, sehen Sie auf einmal auch alles, was Sie auf Ihrem Weg weiterbringen kann. Sie gehen plötzlich mit offenen Augen durchs Leben. Mancher Stolperstein wird sich bald wie von selbst aus dem Weg räumen lassen. Vielleicht sogar einer, vor dem Sie jetzt noch verzweifelt sitzen. Sie werden von nun an sehr wachsam sein und alles mitbekommen, was Ihnen helfen kann.

Zweifeln Sie schon wieder? Dann denken Sie wenigstens über das folgende kleine Beispiel nach: Wenn Sie nicht wissen, dass Sie von München nach Berlin wollen, werden Sie jeden Wegweiser, der Sie dorthin führen könnte, einfach übersehen. Wenn Sie aber Ihr Ziel kennen, werden Sie das Wort »Berlin« überall sehen und sich permanent dafür interessieren. Und so werden Sie sehr viel schneller nach Berlin kommen und sich dort auch zurechtfinden.

Die Stolpersteine sind jetzt Ziele geworden, jeder Stolperstein ein eigenes Ziel. Und es geht darum, diese Ziele auch zu erreichen. Das ist unser nächster Schritt. Dazu machen wir uns einen Plan in Tabellenform, unseren Fünfjahresplan. Hinterher stellt sich dann zwar oft heraus, dass dieser Plan schon innerhalb der nächsten sechs Monate umsetzbar ist. Aber bleiben wir vorerst bei den fünf Jahren. Jeder Stolperstein ist ein Schritt zu unserer Vision.

Auch hier werden Sie zunächst noch Lücken haben. Sie wissen noch nicht, wie Sie Ihre einzelnen Ziele erreichen können. Dazu finden Sie im Folgenden noch ein paar Ideen.

Praktikum

Wenn Sie bestimmte Kenntnisse oder Fertigkeiten brauchen, dann kann zum Erwerb dieser Fähigkeiten ein zwei- bis dreimonatiges Praktikum ausreichen. Wenn Sie Arbeitslosengeld oder -hilfe bekommen, können Sie eine betriebliche Trainingsmaßnahme nach § 48 SGB III machen. Sie beziehen Ihre Leistung weiter, ferner bekommen Sie Fahrtkosten von der Bundesanstalt für Arbeit. Für den Arbeitgeber entstehen keine Kosten. Das Arbeitsamt bewilligt hier in der Regel sehr unbürokratisch, und Sie müssen nur ein Formular ausfüllen. Also gehen Sie auf die Suche nach einem Arbeitgeber, bei dem Sie zusätzlich etwas lernen können. Vielleicht ist der Praktikumsgeber dann auch schon der Arbeitgeber Ihrer Vision.

Mein Ziel	Wie kann ich dies erreichen?	Bis wann will ich es erreichen?	Wer kann mir dabei helfen?

Kurse

Ihnen fehlen Zertifikate über bestimmte Softwareprogramme, zum Beispiel Buchhaltung. Ein Großteil davon ist meist relativ günstig über die Volkshochschulen zu bekommen. Solche Kurse überbrücken auch immer Zeiten von Arbeitslosigkeit und passen gut in Ihren Lebenslauf.

Computerkenntnisse

Wenn Sie noch keinen PC zu Hause haben, dann wird es langsam Zeit!

»Das ist zu teuer, kann ich mir nicht leisten«, denken Sie? Falsch! Die Zeiten ändern sich. Computer, mit denen Sie ins Internet kommen und normale Büroanwendungen durchführen können, sind gebraucht schon für 100 Euro inklusive Monitor und Modem zu bekommen. Ein bisschen Suchen lohnt sich. »Ich kenne mich aber überhaupt nicht aus!« Auch wieder eine faule Ausrede. Es gibt von den verschiedensten Organisationen Einführungskurse für den PC. Das Wissen, das Sie dort erwerben, reicht aus, um mit einem eigenen PC umgehen zu können. Außerdem lernen Sie dabei Leute kennen, die Ihnen weiterhelfen können.

Und mit dem Computer sparen Sie bares Geld. Sie können alle Unterlagen selbst zu Hause erstellen. Und insbesondere gibt es mittlerweile schon eine Zweiklassengesellschaft: Die Internetnutzer und die Verweigerer. Die Verweigerer bezahlen bereits kräftig für ihre Haltung. Sie bezahlen damit, dass sie vieles gar nicht mehr erfahren, dass sie die gesellschaftliche Entwicklung nicht mehr mitbekommen, dass sie bei der Stellensuche nur noch am Rand stehen, weil sie mit diesem Medium nicht zurechtkommen. Und sie bezahlen allmählich für sehr viele Produkte einfach viel mehr, als dies mit dem Internet nötig ist. Neufahrzeuge sind über das Internet teilweise um über 30 Prozent billiger als beim Händler um die Ecke. Es gibt viele Preisbörsen, wo Angebote europaweit verglichen werden. Damit lässt sich jede Menge sparen. Oder Sie können Gegenstände verkaufen, die Sie nicht mehr brauchen. Über www.ebay.de können Sie alles verkaufen und noch gutes Geld dafür bekommen. Und Ihr Markt ist immer mindestens die gesamte Bundesrepublik. Bewerbungen verschicken Sie über das Internet fast kostenlos.

Sie suchen einen Arbeitgeber. Im Internet finden Sie ihn oftmals. Besonders interessant ist auch die Recherche vor einem Vorstellungsgespräch. Sie bekommen dabei oft genau die Informationen, die Sie dafür brauchen. Bei Stellensuchenden, die sich bei mir telefonisch bewerben, frage ich immer gleich, ob sie unsere Homepage kennen. Wenn nein, dann ist das schon ein dicker Minuspunkt. Ich rate ihnen dann, sich auf unserer Homepage über unser Projekt zu informieren. Wenn sie das nicht können, lautet meine Antwort sofort: »Dann sind Sie nicht der Richtige für uns!«

Und man kann sich einfach über alles, und zwar zielgenau, informieren. Und es geht in der Regel schneller, als auf die gedruckten Informationen zu warten. Und wenn man es heraushat, dann findet man auch nur das, was man wissen will. Das funktioniert mit Suchmaschinen, mit denen innerhalb von Sekundenbruchteilen das komplette Internet nach Suchbegriffen durchstöbert wird (zum Beispiel www.google.de). *Sie geben einfach nur Schlagwörter ein und erhalten dann die Seiten mit den gesuchten Wörtern.*

Aber das Schlimmste ist die Angst. Und die ist unbegrün-

det. Bei uns ist mittlerweile noch wirklich jeder innerhalb kürzester Zeit mit dem Internet zurechtgekommen.

Wichtig bei alten Rechnern ab Pentium 133 ist, dass Sie auch mit einem alten Betriebssystem (zum Beispiel Windows 95) arbeiten. Dann reicht der Speicher vollkommen aus. Wir betreiben mit diesem System ein komplettes Seminarzentrum mit 40 Rechnern. An Softwareprogrammen brauchen Sie in der Regel nichts zu kaufen. Es gibt im Internet so viele Programme kostenlos zum Runterladen, die meistens nicht schlechter sind als die kostenpflichtigen Programme. So ist zum Beispiel Staroffice von Sun *(www.sun.de)* mit Office von Microsoft absolut vergleichbar und kostet keinen Pfennig.

Am meisten lernt man am Computer, wenn man selbst einen hat und auch etwas damit erreichen will. Dann probiert man so lange herum, bis es endlich klappt. Gut sind natürlich Bekannte, die man fragen kann. Fast jeder, der etwas am Computer kann, gibt dieses Wissen gerne weiter, um als Experte dazustehen. Also fragen Sie ruhig, Sie tun dem anderen damit etwas Gutes. Und Sie lernen etwas und werden es hinterher auch wieder weitergeben!

Umschulung

Wenn Sie noch eine komplette Ausbildung brauchen, so ist oft auch an eine Umschulung zu denken. Dabei ist es am vernünftigsten, eine betriebliche Umschulung zu absolvieren. Das heißt, Sie suchen sich praktisch eine Lehrstelle. Sie besuchen dann die normale Berufsschule und haben nach zwei Jahren Ihre Ausbildung beendet. Auch hier suchen Sie sich Ihren Ausbildungsbetrieb selbst. Der Lehrherr wird sich sicher freuen, zum Lehrlingsgehalt einen erfahrenen und engagierten Mitarbeiter wie Sie zu bekommen. Wenn Sie sich vom Lehrherrn eine Bescheinigung ausstellen lassen, dass er Sie wahrscheinlich nach der Lehrzeit übernimmt, dann dürfen Sie diese Umschulung auch vom Arbeitsamt bewilligt bekommen. Dann erhalten Sie Unterhaltsgeld, das in der Größenordnung des Arbeitslosengeldes liegt. Eine betriebliche Umschulung bewilligt das Arbeitsamt wesentlich leichter, da es keine Maßnahmekosten zu bezahlen hat. Voraussetzung für eine Umschulung ist allerdings, dass Sie in Ihrem ausgeübten Beruf nicht mehr vermittelbar sind.

Berufsbegleitende Ausbildungen

Hierin liegen viele oft ungeahnte Möglichkeiten. Wenn Sie sich einen Arbeitgeber suchen, der eine flexible Arbeitszeitregelung hat, können Sie auf diese Weise sogar studieren. Bestimmte Ausbildungsgänge wie zum Beispiel die Altenpflege sind genau auf eine berufsbegleitende Ausbildung abgestimmt. Weiterhin gibt es viele Ausbildungen, die abends oder am Wochenende laufen oder über ein Fernlehrinstitut angeboten werden.

Wenn Sie noch eine kaufmännische Ausbildung brauchen, dann arbeiten Sie doch einfach im kaufmännischen Bereich, lernen die Theorie für die Kaufmannsgehilfenprüfung zu Hause und melden sich extern zur Prüfung an. Damit haben Sie die ganze Zeit gutes Geld verdient und hinterher noch den Gehilfenbrief in der Tasche.

Sonstiges

Dies waren jetzt in Kürze die Möglichkeiten, die mir am häufigsten begegnet sind. Denkbar sind noch viele andere Wege, wie zum Beispiel Stipendien (Buchtipp: »Durch Stipendien studieren« von Gundolf Seidenspinner), Bafög, Sozialhilfe, betriebliche Bildungs- oder Traineeprogramme.

Sie sind in diesem Kapitel schon ein großes Stück des Weges gegangen. Sie haben sich auf die Suche nach Ihrer Vision gemacht, und Sie haben eine gefunden. Auch ist Ihnen klar geworden, was Sie bisher davon abgehalten hat, Ihre Vision zu verfolgen. Nun sind aus diesen Gründen (Stolpersteinen) Ziele geworden, denen Sie nachgehen können. Sie haben Ihren Fünfjahresplan vor sich liegen.

Mein Wunscharbeitgeber/-kunde

In diesem Kapitel geht es um Ihre Zielgruppe(n). Im vorherigen Kapitel haben Sie Ihre Ziele herausgearbeitet. Nun sollen Sie, um diese Ziele erreichen zu können, Arbeitgeber, Kunden, Medien oder Arbeitsberater ansprechen.

Die Vorgehensweise ist dabei immer gleich. Sie wollen etwas von Ihrem Gegenüber: Sie wollen einen Arbeitsplatz, einen Presseartikel, vom Arbeitsberater eine Weiterbildung und so weiter.

Doch was SIE wollen, das interessiert den anderen erst einmal überhaupt nicht! Das ist auch vollkommen klar: Jeder denkt zunächst an sich selbst und ist mit sich selbst beschäftigt. Das liegt nun einmal so in der menschlichen Natur und an der Reizüberflutung. Und das ist auch gut so! Sie wollen ja auch Ihre Ziele erreichen, denken also auch an sich selbst. Es gibt aber einen Ausweg aus diesem Dilemma:

- Um mein eigenes Ziel zu erreichen, überlege ich mir, was ich dem anderen Gutes tun kann. Denn dann gewinnt er plötzlich Interesse an mir. Wenn ich ihm helfe, seine Bedürfnisse zu erfüllen, wird er sehen, dass man gemeinsam viel besser ans Ziel kommt. Und uns beiden kommen die gemeinsamen Früchte zugute.

Deswegen werde ich im folgenden Abschnitt meist nur vom Kunden sprechen. Auch ein Arbeitgeber ist mein Kunde. Er ist Kunde meiner Arbeitskraft. Ich werde ihn so beraten, dass er mich einkaufen muss. Auch ein Arbeitsvermittler im Arbeitsamt, von dem ich einen Lohnkostenzuschuss will, ist mein Kunde. Wir werden also im weiteren Verlauf des Buches nur noch Gutes tun. Für eine bessere Gesellschaft und natürlich auch für uns.

Die folgenden Abschnitte sollten Sie bei jeder Art von Kunde, den Sie ansprechen wollen, wieder neu durcharbeiten. Sie lernen jedoch bereits beim ersten Durchgang, wie es funktioniert. Nur die Checklisten müssen Sie immer wieder neu ausfüllen. Sie schulen dabei zusätzlich Ihr kundenorientiertes Verhalten. Es gelingt Ihnen immer schneller, sich auf die verschiedensten Zielgruppen einzustellen. Wenn Sie erst einmal ein Meister dieses Faches sind, dann geht das schon fast intuitiv.

Für wen will ich tätig werden?

Im Marketing würde man jetzt von Zielgruppendefinition sprechen. Wir gehen ganz pragmatisch vor. Damit Sie jemanden ansprechen können, müssen Sie sich erst einmal überlegen, wen Sie denn überhaupt ansprechen wollen. Da es sich hier in der Regel um Wunscharbeitgeber oder -kunden handelt, sind dies durchweg Personen, die Ihnen sympathisch sein werden. Also überlegen Sie: Wie könnte Ihr Wunscharbeitgeber/-kunde aussehen?

Wie groß ist die Firma?	
Welche Branche?	
Wie ist der Führungsstil?	
Was ist oder wird Ihre Tätigkeit sein?	
Wie viele Mitarbeiter arbeiten über/unter Ihnen?	
Was sind die Aufgaben Ihres Gesprächspartners?	
Wie sieht Ihr Arbeitsplatz aus?	

Dies sind nur ein paar Fragen, die Sie sich ausführlich beantworten sollten. Machen Sie sich ein Bild von Ihrem Arbeitsplatz oder Ihrem Kunden beziehungsweise Ihrem Gegenüber in einem Gespräch. Damit fällt es Ihnen wesentlich leichter, sich darauf vorzubereiten. Insbesondere können Sie sich dann viel besser auf die Bedürfnisse Ihres Kunden einstellen.

Machen Sie sich diese Arbeit auch, wenn es nicht um einen Traumkunden, sondern um einen notwendigen Kunden geht, wie zum Beispiel Mitarbeiter im Arbeitsamt, Pressevertreter oder Kreditsachbearbeiter. Sie erhöhen Ihre Chancen wesentlich, wenn Sie sich auf ihn einstellen und sich gut überlegen, welche Bedürfnisse Ihr jeweiliger Kunde hat. Durch diese gedankliche Vorarbeit führen Sie ein wesentlich erfolgreicheres Gespräch. Oder Sie erhalten dadurch überhaupt erst die Möglichkeit, ein Gespräch zu führen. Nachdem nun klar ist, für wen Sie etwas tun wollen, beschäftigen wir uns noch genauer mit unserer Zielgruppe.

Die Bedürfnisse des Traumarbeitgebers beziehungsweise Traumkunden

Jetzt dürfen Sie einmal ganz in Ihren zukünftigen Arbeitgeber oder Kunden »hineinkriechen« und sich vorstellen, Sie sind er. Überlegen Sie, was Ihnen in dieser Position bei einem neuen Mitarbeiter wichtig wäre. Aber begrenzen Sie Ihre Gedanken nicht auf den Mitarbeiter, sondern überlegen Sie auch, welche anderen Bedürfnisse Sie hätten, wenn Sie auf der anderen Seite stünden. Dann merken Sie plötzlich, dass auch Ihr Gegenüber Bedürfnisse hat (zum Beispiel nach Wertschätzung, kein Stress) oder etwa Angst, Entscheidungen zu treffen. Überlegen Sie jetzt wenigstens 30 Bedürfnisse Ihres Traumkunden. Diese schreiben Sie auf die linke Seite der folgenden Tabelle. Und zwar so, wie sie Ihnen einfallen. Wenn es dann 50 werden, umso besser – umso genauer können Sie sich dann auf den anderen einstellen.

»30 Bedürfnisse eines Arbeitgebers fallen mir nie ein. Ich will doch nur Geld verdienen und arbeiten!«
Wenn Sie dies denken, dann sind Sie noch nicht auf dem Weg zu Ihrem Wunscharbeitsplatz. Dann wissen Sie einfach noch nicht, was Sie wollen. Oder Sie sind in Ihrem Arbeitsleben so stark enttäuscht worden, dass Sie keine Lust mehr haben, sich auf einen Arbeitgeber einzulassen. Sie werden dann allerdings auch keinen Arbeitgeber finden, für den Sie gerne arbeiten. Sie werden es nicht schaffen, Spaß an Ihrer Arbeit zu haben. Es macht Ihnen dann keine Freude, jemand anderem etwas Gutes zu tun. Und wenn Sie Ihrem Arbeitgeber nichts Gutes tun wollen, dann sieht er sicherlich auch keine Notwendigkeit, Ihnen etwas Gutes

Die Bedürfnisse des Traumarbeitgebers bzw. -kunden

Bedürfnisse meines Traumarbeitgebers/ -kunden	Womit habe ich bereits gezeigt, dass ich die Bedürfnisse des Arbeitgebers/ Kunden erfüllen kann? Wie kann ich die Bedürfnisse erfüllen?

zu tun. Also werden Sie auf Dauer wieder unzufrieden sein. Es gibt nur diesen Weg, und zwar, dass SIE es schaffen, wirklich einen Arbeitgeber zu finden, mit dem Sie sich verstehen. An Ihnen liegt es, den ersten Schritt zu tun, damit Ihr Wunscharbeitgeber auf Sie aufmerksam wird. Und dazu erlauben Sie es sich, in ihn hineinzukriechen und sich zu überlegen, was er wollen könnte.

Wie kann ich diese Bedürfnisse erfüllen?

Nachdem Sie die erste Spalte ausgefüllt haben, kommen Sie zur zweiten Spalte. Dabei gehen Sie wie folgt vor:

- Sie schreiben hier einfach Beispiele aus Ihrem Leben auf, in denen zum Ausdruck kommt, dass Sie das Bedürfnis des Gegenübers erfüllen können. So steht zum Beispiel auf der linken Seite das Bedürfnis »Selbstständiges Arbeiten«. Das heißt für Sie auf der rechten Seite: »In der Firma Neunbisfünf war ich als Abteilungsleiter für die gesamte Materialbeschaffung für 50 Produktionsarbeitsplätze allein verantwortlich.« Es geht dabei um objektive Beschreibungen Ihrer Tätigkeiten. Beweisen Sie es, indem Sie beschreiben, was Sie gemacht haben. Vermeiden Sie Adjektive und Selbstlob: »Ich war zuverlässig« sagt nichts aus. Jedoch: »Ich war zehn Jahre für die Kasse verantwortlich!« Dieser Satz beweist, dass Sie zuverlässig sind. Und diese Beweise sind es, die Sie hier sammeln. Adjektive und Selbstlob haben hier nichts zu suchen, sie werden Ihnen nicht geglaubt. Und: Eigenlob stinkt! Solche Zuschreibungen haben im ganzen Bewerbungsverfahren beziehungsweise im Verkauf nichts zu suchen. Keiner glaubt Ihnen! Oder glauben Sie

einem Werbeslogan wie »Keiner wäscht reiner«? Einem Spruch wie »Es löst Rotweinflecken bei 30 Grad« allerdings schon eher. Diese Aussage hat einen Gehalt und sagt konkret etwas aus. Sie schafft Vertrauen. Daher verwenden Sie auf der rechten Spalte nur solche Beschreibungen.
- Die rechte Spalte enthält das Rohmaterial, mit dem Sie Ihren Arbeitgeber/Kunden ansprechen. Sie werden es während des gesamten weiteren Bewerbungsprozesses brauchen. Daher: Füllen Sie alles sehr sorgfältig aus, und nehmen Sie sich genügend Zeit dazu. Lassen Sie bei den Spalten auch genügend Platz für Ihre Notizen.
- Formulieren Sie dabei gleich in ganzen Sätzen, wenn Ihnen diese gerade einfallen. Die Wahrscheinlichkeit ist hoch, dass Sie diese Formulierung hinterher 1:1 in Ihrer Eigenwerbung weiterverwenden können.
- Drücken Sie sich am besten gleich so aus, als ob Sie Werbung formulieren würden.
- Verwenden Sie zum Ausfüllen einen Bleistift, da Sie die Formulierungen hinterher noch x-mal ändern werden.
- Fangen Sie dort an, wo Ihnen gerade etwas einfällt. Wenn Sie zu einem Bedürfnis gerade keine Idee haben, übergehen Sie es und machen bei einem anderen weiter. Nachdem Sie schon zu zehn Bedürfnissen etwas haben, trauen Sie sich wesentlich leichter an die »schwierigen« Bedürfnisse heran.
- Wenn Ihnen schließlich gar nichts mehr einfällt, lassen Sie das Blatt einfach liegen und gehen schwimmen, spazieren oder mit einem Freund oder einer Freundin in die Kneipe. Freunde können beim Ausfüllen der rechten Spalte ohnehin sehr hilfreich sein. Sie kennen einen und wissen auch ganz genau, was man bereits alles gemacht hat.
- In der rechten Spalte hilft auch vieles aus dem privaten Be-

reich. So kann auf das Bedürfnis »Organisationstalent« sehr gut in der rechten Spalte stehen: »Als Mutter von zwei Kindern und als Ehefrau managte ich neben meinem 30-Stunden-Job bei Firma Oberstress auch noch den ganzen Haushalt.« Sehr gut passen hier gerade bei Berufswechslern in der Regel auch Hobbys.
• Durchleuchten Sie Ihr gesamtes Leben. So kann zum Beispiel auch ein früheres Sportabzeichen als Kreismeister im Schwimmen beweisen, dass Sie ehrgeizig sein können. Überlegen Sie so lange, bis Sie alle Felder ausfüllen können.

Und zum Schluss jetzt noch ein grundsätzliches Bedürfnis, das aber jeder Arbeitgeber und jeder Kunde hat: Er will mit Ihnen Geld verdienen oder sparen. Das ist einfach so. Keiner stellt Sie ein oder gibt Ihnen einen Auftrag, weil Sie eine schöne Nase haben. Jeder will mit Ihnen Geld verdienen. Also sollten Sie sich jetzt auch noch überlegen, wodurch Ihr Kunde oder Arbeitgeber mit Ihnen Geld verdienen kann. Wenn Sie diese Frage nicht beantworten können, brauchen Sie in der Regel nicht mehr weiterzumachen. Sie können dann Ihren Tätigkeitswunsch unter der Rubrik Hobby in Ihre Freizeit verlegen. Doch meistens kostet auch diese Frage nur etwas weitere Denkarbeit. Also: Womit lässt sich mit dem, was Sie machen wollen, Geld verdienen? Wenn Sie Ihr Produkt verkaufen wollen, müssen Sie sich das schon überlegen und Ihrem Kunden den Nutzen erklären.

Ich selbst habe einige Zeit damit verbracht, Kochtöpfe zu verkaufen. Diese Kochtopfsets kosteten etwas über 1000 Euro und hießen »Garsysteme«. Verkauft haben wir die Kochtöpfe mit dem Argument, dass der Kunde damit Geld in der Größenordnung zwischen 5000 und 100 000 Euro einspart. Wir haben dies nicht vorgerechnet, sondern ließen das den Kunden selbst bei der Präsentation tun. Beim Beratungsbeispiel am nächsten Tag, als der Kunde den Preis der Garsysteme erfuhr, legten wir ihm seine eigenen Berechnungen vom Vortag vor. Es blieb dann nur noch die Frage, ab wann der Kunde anfangen wollte zu sparen. 25 Prozent der Kunden haben daraufhin unterschrieben.

Warum dieser Exkurs? Weil es darum geht, dass Sie sich überlegen, womit Ihr Kunde Geld sparen kann. Bei dem Beispiel mit den Kochtöpfen kommt zunächst auch kein Mensch auf den Gedanken, dass man 1000 Euro ausgeben muss, um Geld einsparen zu können. Führt man den Kunden jedoch auf die richtige Fährte, so gewinnt er diese Einsicht. Also noch einmal: Überlegen Sie sich, wie Ihr Arbeitgeber/Kunde mit Ihnen Geld einsparen kann. Und denken Sie daran, dass es immer besser ist, den anderen das selbst rechnen zu lassen.

Geld verdienen durch zusätzliche Märkte oder Aufträge

Überlegen Sie, wodurch der Arbeitgeber mit Ihnen zusätzliches Geld verdienen kann. Welche Kontakte haben Sie? Was können Sie dazu einbringen? Welche Ideen haben Sie, die man in diesem Unternehmen zusätzlich einbringen kann? Vielleicht haben Sie auch eine Idee, die Sie verwirklichen wollen. Das könnte der Ansatzpunkt sein, sich einen Arbeitgeber zu suchen, der genau diese Idee umsetzen kann. Also, wo können gerade Sie dem Arbeitgeber zusätzliches Geld bringen?

Geld einsparen durch Lohnkostenzuschüsse

Das Arbeitsamt hat eine ganze Menge an Lohnkostenzuschüssen für Sie parat. Für jeden davon gibt es besondere Bestimmungen. Alle Lohnkostenzuschüsse sind Kann-Leistungen des Arbeitsamts. Das heißt auf der einen Seite, dass die Vergabe von der Mittelsituation des jeweiligen Arbeitsamts abhängt, und auf der anderen Seite, dass der Arbeitsvermittler/-berater einen Ermessensspielraum bei der Vergabe hat. Und das bedeutet, Sie müssen ihn von der Notwendigkeit eines Lohnkostenzuschusses überzeugen. Eine Standardfrage von Arbeitsvermittlern ist grundsätzlich bei allem, was Sie vom Amt wollen, die folgende: »Warum soll ich IHNEN dies bewilligen? Also dann überzeugen Sie mich mal!«

Auf diese Frage brauchen Sie eine Antwort, sonst brauchen Sie gar nicht erst anzufragen. Sie werden in der Regel nur ein »Nein« ernten. Warum? Na, ganz einfach, Sie haben sich wieder einmal nichts überlegt und konnten den anderen nicht überzeugen, denn Sie wissen selbst nicht, warum gerade Sie diese Leistung bekommen sollten! Mit dieser Einstellung werden Sie immer auf Granit beißen. In der Folge wird Ihre Haltung gegenüber dem Arbeitsamt negativ werden, und damit werden Sie auch weiterhin nichts bekommen.

Und das sind die Gründe, die für Lohnkostenzuschüsse ausschlaggebend sind:
- Ausgleich von Vermittlungshemmnissen. Das heißt, Sie müssen sich überlegen, welche Handicaps Sie haben. Jedes Wehwehchen wird jetzt wichtig. Irgendetwas an der Bandscheibe gehabt? Aus psychischer Belastung den Job verloren?

- Jede Menge Bewerbungsaktivitäten gestartet und bisher immer noch keinen Erfolg gehabt. Aber dieser Arbeitgeber würde Ihnen eine Chance geben, wenn er Sie nur von Anfang an bezahlen könnte.
- Keine oder geringe Erfahrungen in der angestrebten Tätigkeit. Der Arbeitgeber muss Sie mit viel Aufwand einlernen. Also überlegen Sie genau, was in dem neuen Arbeitsfeld alles anders ist. Sie argumentieren hier gerade andersherum als gegenüber dem Arbeitgeber. Hier beschreiben Sie all die Dinge, die Sie eventuell noch nicht können.
- Wenn Sie jetzt nicht bald eine Anstellung bekommen, dann droht Ihnen, dass Sie komplett den Anschluss an den Arbeitsmarkt verlieren. Daher ist Ihnen dieses Angebot jetzt so außerordentlich wichtig. Diese Chance kommt so schnell nicht wieder. Oder Sie wollen jetzt die Flucht nach vorne antreten und Arbeitgeber initiativ ansprechen, damit Sie in dem neuen Feld eine Chance bekommen.

Es gibt die verschiedensten Programme für Beschäftigungshilfen, die sich von Amt zu Amt permanent ändern. Daher hat es an dieser Stelle keinen Sinn, auf die einzelnen Förderinstrumente einzugehen. Es ist nur so, dass Sie darüber verhandeln müssen. Eigentlich ist das Aufgabe eines Arbeitgebers. Aber warum sollten Sie nicht in eigener Sache aktiv werden? Damit können Sie dem Arbeitgeber das Geld gleich mitbringen. Auch im Arbeitsamt zeigt das nur, dass Sie Engagement haben und die Dinge selbst in die Hand nehmen.

Traumarbeitgeber gefunden?

Sind Sie nun so weit, oder sind höchstens noch fünf Felder leer?

Wenn nein:
Dann haben Sie sich vielleicht noch nicht die rechte Mühe gegeben. Oder der Traumarbeitgeber/-kunde oder die Vision stimmen noch nicht. Dann heißt es, noch einmal ein Stück zurückgehen. Es hat keinen Sinn, im Buch weiter fortzufahren. Wenn Sie es dennoch tun, werden Sie wieder auf einem Job landen, den Sie nicht haben wollen. Und wohin das führt, dürfte mittlerweile klar geworden sein: zu Mobbing, Frust, Krankheiten und so weiter.

Also, Kopf hoch und zurück. Drehen Sie eine nützliche Ehrenrunde. Es ist besser, jetzt umzukehren, als sich die nächsten zehn Jahre zu verbiegen. Und ich denke, Sie haben mit dem Lesen und Durcharbeiten des Buches bereits einiges an Visionsfähigkeit erworben. Damit fällt es Ihnen jetzt auch schon wesentlich leichter, sich auf sich selbst einzulassen. Es geht ja schließlich um Sie!

Wenn ja:
Glückwunsch, Sie haben Ihre Traumtätigkeit gefunden. Sie wissen, was Sie Ihrem Arbeitgeber oder Kunden Gutes tun können. Sie haben für jedes Bedürfnis genau die richtige Lösung. Was kann Ihrem Kunden denn Besseres passieren, als Sie einzukaufen? Er muss Sie ganz einfach einkaufen. Es bleibt ihm gar nichts anderes übrig!
Lesen Sie Ihren Plan jetzt noch einmal unter diesem

Aspekt durch, bis Sie dieses Gefühl voll und ganz durchdringt: Sie sind Ihr Geld wert. Nun können Sie sich überlegen, wie Sie das Ihrem Kunden klar machen werden. Es geht jetzt nur noch um das Wie.

Sie wissen jetzt, dass Sie Ihrem Kunden oder Arbeitgeber etwas Gutes tun können. Dieses Gefühl ist grundsätzlich notwendig, um jemanden von sich oder seinem Produkt überzeugen zu können. Damit war für Sie auch eine nicht unerhebliche Arbeit verbunden, doch sie hat sich gelohnt.

Sie verfügen nun über das natürliche Selbstbewusstsein, um den Kunden ansprechen zu können. Sie brauchen sich in keinster Weise zu verbiegen. Auch ein Videotraining ist überflüssig. Das bringt in der Regel ohnehin nichts, weil Sie sich hinterher nur noch künstlich bewegen und nicht natürlich. Sie haben jetzt wesentlich mehr erreicht: Sie können auf den anderen ohne Kraftanstrengung zugehen, mit der inneren Gewissheit, dem anderen etwas Gutes zu tun.

Damit haben Sie die höchste Überzeugungskraft. Ihr Verhalten wirkt natürlich. Sie können sprechen, wie Ihnen der Schnabel gewachsen ist. Man wird Ihnen glauben, weil SIE SELBST AN SICH GLAUBEN!

Die individuelle Selbstvermarktungsstrategie

Initiativbewerbungen statt Suche in Stellenbörsen

Nachdem Sie nun genau wissen, wen Sie ansprechen wollen, geht es darum, wie das denn am besten funktionieren kann. Das kommt jetzt ganz auf Ihre Zielgruppe an. Bei mehreren Zielgruppen brauchen Sie selbstverständlich auch mehrere Werbestrategien. Sie müssen genau auf die jeweilige Zielgruppe zugeschnitten werden.

Vergessen Sie zunächst das lästige Suchen in irgendwelchen Stellenanzeigen. Es ist einfach nicht effizient. Und Sie wollen doch so schnell wie möglich zu einem neuen Arbeitsplatz kommen, der zu Ihnen passt. Außerdem wollen Sie dem Arbeitgeber etwas Gutes tun. Also suchen Sie ihn sich selbst. Wenn Sie dann auf einen Arbeitgeber stoßen, der gerade dabei ist, seinen Bedarf zu formulieren, rennen Sie bei ihm offene Türen ein. Der Arbeitgeber freut sich, dass sich jemand um ihn kümmert. Ihr Vorteil dabei ist, dass Sie in der Regel keine oder kaum Mitbewerber haben. Der Arbeitgeber weiß möglicherweise nicht einmal, wie hoch der Marktpreis für einen Mitarbeiter in der jeweiligen Situation ist. Und in vielen Situationen hat der Arbeitgeber zwar jede Menge zu tun, hat sich aber noch keine Gedanken über eine Aufstockung seines Mitarbeiterstammes gemacht. Also können Sie sich Ihren Arbeitsplatz jetzt selbst mitgestalten.

Bieten Sie dann auch noch an, dass Sie ihm ein paar Tage helfen wollen, ergibt sich der Arbeitsplatz meist schon fast von alleine. Glauben Sie einfach daran, dann werden Sie auch die offenen Türen finden.

Was meinen Sie denn, wie der Arbeitsablauf in sehr vielen Unternehmen aussieht?

Es wird dort gearbeitet, gearbeitet, gearbeitet. Der Chef hat nie Zeit, die Mitarbeiter machen permanent Überstunden. Und ständig heißt es: »Wir haben das und jenes nicht geschafft, wenn wir Zeit hätten, dann könnten wir auch dieses Projekt mal angehen«, »Wenn sich nur jemand finden würde, der das macht«, und so weiter. Solche Sätze werden Sie in fast der Hälfte aller Unternehmen bei uns hören.

Diese Unternehmen verschlafen den Markt, wenn Sie ihnen kein Angebot machen. Sehen Sie es doch so: Diese Unternehmen schreien nach Hilfe. Jeder dieser Sätze ist ein Schrei nach Ihnen. Sie brauchen ihn nur zu hören. Und Sie können ein Wohltäter sein. Wenn Sie dem Unternehmen nicht helfen, wird es bares Geld verlieren, weil ihm irgendwann die Konkurrenz zuvorkommt, oder es schlimmstenfalls in den Konkurs wandern.

Betrachten wir als Beispiel das Heizungs- und Sanitärgewerbe. Dort wird gejammert, einer werde vom anderen unterboten, die Auftragslage sei schlecht und so weiter. Zu tun haben sie dann doch alle, alle Hände voll. Aber mit Aufträgen, die nichts einfahren. Nur die wenigsten von ihnen wenden sich offensiv an neue Kunden, die sich zum Beispiel für regenerative Energiequellen interessieren. Sonnenenergie zur Warmwasserbereitung rechnet sich auch bei uns in Deutschland. Und wer ein Haus hat, der hat es gebaut, um damit Geld zu sparen. Also ist die Frage erlaubt: Warum ist noch nicht auf jedem Dach ein Sonnenkollektor?

Weil die Hauseigentümer nicht richtig beraten werden. Wenn man schon Kochtöpfe mit dem Argument des Sparens verkaufen kann, dann geht das auch hier. Den Hausbesitzer darüber aufzuklären, dass er in den nächsten 30 Jahren 20 000 Euro, 100 000 Euro oder mehr einsparen könnte, darf doch eine Wohltat genannt werden. Meinen Sie aber, irgendein Installateur käme auf den Gedanken, dazu speziell jemanden einzustellen oder einen seiner Mitarbeiter zum Solateur und Solarenergiefachberater ausbilden zu lassen? (Die berufsbegleitende Ausbildung kostete im Oktober 2001 gerade mal 500 Euro, es wären noch jede Menge Plätze frei gewesen.) Nein, es wird weiter lamentiert, die Wirtschaftslage sei schlecht, der Staat solle etwas tun.

Dabei könnten bei ungefähr sechs Millionen Bauwerken um die 24 Millionen Beratungsstunden geleistet werden. Das heißt 12 000 Beratungsjahre eines Solateurs. Daran würde sich die 10- bis 20fache Menge an Aufträgen für Installateure anschließen, also mindestens 120 000 Installateurarbeitsjahre. Bei einem zusätzlichen Umsatz von nur 80 000 Euro pro Jahr wäre das insgesamt eine mögliche Umsatzsteigerung auf fast 10 000 000 000 Euro!

Wenn Sie an diesem Potenzial teilhaben wollen, dann müssen Sie es sich holen, die Installateure bieten es Ihnen nicht von selbst an. Sie müssen Ihre Kunden vom Erfolg überzeugen, dann können Sie an den 10 Milliarden mitverdienen.

Jetzt sagen Sie, ich will doch nicht im Außendienst Solaranlagen verkaufen. Das sollen Sie auch nicht, wenn Sie das nicht wollen. Es war nur ein Beispiel. Aber diese Beispiele gibt es an jeder Ecke. Hier nur ein paar davon, die alle nur verwirklicht werden müssen:

- Blumentopfservice in Firmen und Privathaushalten. Sie können ganz klein damit beginnen. Ein Handwagen reicht für den Anfang. Der Service lässt sich überall anbieten und könnte in Deutschland mindestens 10 000 bis 20 000 Arbeitsplätze schaffen.
- Betreuung von Senioren in ihren Privatwohnungen. Oder Organisation von Wohngemeinschaften für Senioren. Ein Wachstumsmarkt ohne Ende, gegen die kalte Altenheim-Versorgung und für mehr Menschlichkeit. Bieten Sie dazu noch Kinder- und Hausaufgabenbetreuung an. Genial! Ein Potenzial von mehr als 50 000 Arbeitsplätzen.
- Service an SB-Tankstellen. Putzen Sie Scheiben, fragen Sie, ob Sie den Ölstand prüfen sollen, Wasser nachfüllen, Reifendruck prüfen und so weiter. Das alles selbstverständlich kostenlos. Auch für den Tankstellenpächter. Tun Sie einfach Gutes. Und was kommt dabei raus: Am Monatsende hatten Leute schon 2500 Euro in Ihrer Tasche. Nur an Trinkgeld! Hab ich selbst schon gemacht. Nach zwei bis drei Monaten wird's dann noch mal um einiges mehr. Sie haben gelernt, wie man Vertrauen gewinnt, um die Motorhaube aufzubekommen, Sie haben mit dem Pächter eine Provisionsvereinbarung getroffen, oder Sie beschäftigen weitere Mitarbeiter, die Sie anlernen.

- Aufbau von Computernetzwerken in Familien oder Wohngemeinschaften.
- Gestalten von Werbung für Kleinunternehmen.
- Buchhaltungsservice.
- Beratung von Arbeit Suchenden.
  (Wir könnten sofort jede Menge Mitarbeiter beschäftigen, die sich einarbeiten wollen.)
- Und die zigtausend anderen Möglichkeiten, die Ihren Leidenschaften entspringen …

Ihr Markt ist dort, wo Ihre Leidenschaft liegt. Mit den wenigen Beispielen wollte ich Ihnen nur generell zeigen, dass es in den verschiedensten Bereichen immer noch jede Menge Möglichkeiten gibt, den Markt auszuweiten und wirklich neue Arbeitsplätze zu schaffen. Je spezieller Ihre Leidenschaft wird, desto genauer kennen Sie sich auch auf dem Markt aus. Und dies ist die Grundvoraussetzung dafür, auch Marktnischen für Ihr Produkt/Ihre Arbeitskraft zu erkennen. Hier liegt Ihr Arbeitsplatz, den wir suchen oder erschaffen werden.

Ich sage noch einmal: Vergessen Sie die Stellenbörsen. Dort steht nur das drin, worauf sich jeder bewirbt. Sie stehen einer großen Anzahl von Konkurrenten gegenüber und können sich auf den angebotenen Arbeitsplatz hin verbiegen. Das werden Sie zwar mit diesem Buch auch besser können, aber dazu soll es nicht dienen. Bei den Bewerbungen auf ausgeschriebene Stellen haben Sie es meist mit mindestens zehn, wenn nicht sogar hunderten von Konkurrenten zu tun. Es ist doch klar, wen der Arbeitgeber einstellt. Sie würden es an seiner Stelle auch nicht anders machen. Also haben Sie, wenn Sie durchschnittlich für die Stelle geeignet sind, schon keine reelle Chance mehr. Wenn jetzt noch hinzukommt, dass Sie schon ein halbes Jahr oder länger arbeitslos sind, dann tendieren Ihre Chancen gegen null. Das sind dann die Leute, die zu mir kommen und sagen, sie haben schon 2500 Bewerbungen verschickt. Das wollen Sie doch nicht. Also vergessen Sie die Stellenbörsen. Sie können sie hin und wieder überfliegen, um einen Marktüberblick zu bekommen und zu sehen, welche neuen Firmen auf dem Markt sind. Aber zu mehr taugen sie nicht. Die Beschäftigung damit ist eine Verschwendung von Ressourcen. Vor allem wenn Sie bedenken, dass Sie jedes Mal die kompletten Bewerbungsunterlagen in makelloser Form zu verschicken haben. Das heißt fast jedes Mal eine neue Mappe und 1,53 Euro Porto. Das summiert sich und bringt meist nicht den gewünschten Erfolg.

Entwicklung der persönlichen Marketingstrategie

Wir gehen den Weg der Markteinführung eines neuen Produkts weiter. Wir haben bereits die Zielgruppe definiert und die Bedürfnisanalyse durchgeführt. Jetzt brauchen wir eine Marketingstrategie, die Ihnen effizient den Markt erschließt. Diese Strategie kann je nach der persönlichen Situation vollkommen unterschiedlich aussehen. Sie müssen nun überlegen, was für Sie am sinnvollsten ist. Meistens ist es eine Kombination von verschiedenen Werbemethoden. Im Marketing spricht man auch vom Marketingmix.

Und warum soll man nicht auf die Erkenntnisse des Marketings zurückgreifen? Es geht ja um ein gutes Produkt: Es geht um SIE. Wenn man schon teure Kochtöpfe damit verkaufen kann, wird man mit diesen Methoden auch einen Arbeitgeber oder Kunden für Sie finden.

Entwicklung der persönlichen Marketingstrategie 71

Stellen Sie sich deshalb die Frage, mit welchen Methoden oder Tricks Sie Ihren Kunden am effizientesten erreichen können. Zum Einstieg will ich Ihnen einfach einmal einen groben Überblick verschaffen:

- Massenmailing per Post, Fax oder Internet
- Telefonische Initiativbewerbung
- Telefonische Nachfassaktionen
- Verteilen von Handzetteln
- Kleben von kleinen Handzetteln an Lichtmasten o.Ä. mit Abrissstreifen Ihrer Telefonnummer
- Eigener Flyer (Werbeprospekt)
- Messebesuch mit Initiativbewerbung
- Mieten einer Plakatwand oder Litfaßsäule
- Veranstaltung eines Festes zu Hause
- Teilnahme an einer Talk-Show
- (Nahezu) Kostenlose Inserate im Internet oder in Kleinanzeigenblättern
- Erstellen einer eigenen Homepage im Internet
- Treffen von Linkvereinbarungen im Internet
- Mitarbeit in Netzwerken
- Persönliche Initiativbewerbung (»Klinken putzen«)
- Verfassen von Leserbriefen
- Verfassen von Artikeln für Zeitungen/Journale
- Schreiben eines Buches
- Persönliche Durchführung von Meinungsumfragen
- Socializing
- Ergattern von Empfehlungen
- Besuch von Veranstaltungen der verschiedensten Art
- Allen Bekannten von seiner Situation oder Idee erzählen (Kontaktieren)
- Studium von Fachzeitschriften, Internetrecherche

- Permanente persönliche Weiterbildung
- Mithilfe bei Veranstaltungen
- Anbieten von Aushilfstätigkeiten
- Gewerbeschein oder freiberufliche Tätigkeit
- Praktikum
- Anbieten von Hausaufgabenhilfe bei Kindern der Entscheidungsträger
- Veranstaltung von Klassentreffen

Und nun können Sie sich sicher auch noch fünf weitere Wege vorstellen, die für Sie in Frage kommen!
Im Folgenden werden wir uns die einzelnen Verfahren genauer ansehen.

Massenmailing per Post, Fax oder Internet

Hierbei handelt es sich um das blinde Anschreiben mit verschiedenen Medien. Damit erreichen Sie innerhalb kürzester Zeit eine sehr hohe Zahl an möglichen Kunden/Auftraggebern. Sie reduzieren Ihre Bewerbungsunterlagen auf das Wesentliche. Da Sie die Arbeitgeber blind auswählen, wissen Sie noch nicht, ob Sie für diese tatsächlich arbeiten wollen oder nicht. Also werden Sie im Anschreiben (siehe »Das Bewerbungsanschreiben«, Seite 146) ein genaues Bild von sich entwerfen, damit auf Ihre Bewerbung nur der Kunde/Arbeitgeber positiv reagiert, für den Sie tatsächlich aktiv werden wollen. Ferner fügen Sie Ihren Lebenslauf bei. Zusätzlich können Sie noch das wichtigste Zeugnis beilegen. Auf jeden Fall sollte die Blindbewerbung nicht mehr als drei Seiten Papier umfassen, denn sie soll den Arbeitgeber nicht belasten, sondern ihm ein Angebot unterbreiten, auf das er eingehen kann. Diese Bewerbung soll beim Arbeitgeber verbleiben. Es kann ja sein, dass er später Bedarf hat und sich dann noch bei Ihnen meldet.

Wie komme ich an die Adressen?

Das hängt sehr stark davon ab, wo Sie hinwollen. In den meisten Fällen ist ein Branchenbuch schon sehr hilfreich. Wenn Sie jedoch in die Masse gehen wollen, sind Telefonnummern-CDs die beste Quelle. Hier brauchen Sie die vielen Adressen nicht mehr extra abzutippen, sondern können diese gleich sortiert in die Textverarbeitung übernehmen. Weitere Quellen können Verzeichnisse im Internet sein. Da heißt es, Suchmaschinen nutzen. Zum Beispiel gibt es Adresslisten von vielen Branchenvereinigungen, allerdings sind diese oft nicht in Tabellenform, sodass sie nicht sofort in eine Seriendrucktabelle übernommen werden können. Aber hier lohnt sich unter Umständen eine längere Suche. So habe ich zum Beispiel eine komplette Liste von ungefähr 500 Zeitungsredaktionen mit kompletten Postadressen, Faxnummern und E-Mail-Adressen gefunden.

Ferner gibt es in größeren Büchereien Firmenverzeichnisse in verschiedenen Medien. Auch über die Industrie- und Handelskammern, Handwerkskammern, Branchenverbände oder Einkaufsorganisationen kann man an Adressverzeichnisse kommen. Wenn auch das zu nichts führt, gibt es noch kommerzielle Adressvertriebe. Sie können sich dort Adressen mit allen nur erdenklichen Suchkriterien kaufen. Je nach der Stärke der Filter und Anzahl der gewünschten Adressen liegt der Preis für eine Adresse zwischen 30 Cent und 3 Euro. (Ein Beispiel für einen Vertrieb ist www.pan-adress.de, Tel. 089-857 09-0.) Die Kosten für diese Adressen können Sie unter Umständen beim Arbeitsamt als Bewerbungskosten geltend machen. Überlegen Sie sich, wie schon angesprochen, eine Erfolg versprechende Argumentation, zum Beispiel, dass Sie damit erfolgreich sein werden oder gleich ein konkretes Angebot haben werden.

Bei über 50 Adressen lohnt sich bereits die Serienbrieffunktion Ihres Schreibprogramms. Auch wenn Sie noch nie einen Serienbrief erstellt haben, sollten Sie dies lernen. In jeder guten Textverarbeitung ist das Verfahren dazu menügesteuert und für jeden zu verstehen. Testen Sie aber immer erst den Ausdruck des ersten Datensatzes, bevor Sie den Befehl zum Druck aller Adressen geben.

Auf die Gestaltung des Bewerbungsanschreibens und des Lebenslaufes sowie auf die Zeugnisse gehe ich später noch intensiv ein. Beim Massenmailing müssen Sie jedoch folgende Aspekte zusätzlich beachten:
- Wenn es machbar ist, den Kunden immer mit seinem Namen ansprechen!
- Bei Briefen unbedingt die 20 Gramm einhalten! Damit ist das Porto wesentlich günstiger.

Telefonische Initiativbewerbung

Immer mehr Firmen erkennen die Vorzüge des Telefonmarketings. Betrachtet man sich den gesamten Gütermarkt, so werden gerade diejenigen Produkte auf diese Art und Weise verkauft, die kein Mensch haben will oder braucht.

Wenn Telefonmarketing in diesen Bereichen schon so gute Erfolge erzielt, so ist für eine Arbeitskraft, die ja sehr wohl gebraucht werden kann, sicherlich mit großem Erfolg zu rechnen.

Auswählen der Zielgruppe

Zuerst muss die gewünschte Zielgruppe ausgewählt werden: Wen will ich als Kunden für mein Produkt gewinnen?

Bevor ich mir diese Frage nicht beantwortet habe, brauche ich gar nicht weiterzumachen. Gerade bei der blinden Akquisition ist es wichtig, die Kunden richtig anzusprechen, für die man wirklich arbeiten will. Das bedeutet aber auch, sich bei den anderen Kunden von vornherein eine Ablehnung einzufangen. Doch ist dies viel besser, als lange Zeit erfolglos mit- oder eher gegeneinander zu arbeiten.

Die nächste Frage, die man sich hier stellen sollte, lautet: Wen kenne ich, der eventuell Bedarf haben könnte? Mit diesen Personen wird begonnen. Daran schließt sich die nächste Frage an: Wen kenne ich, der jemanden kennt?

Mögliche unangenehme Fragen des Kunden

Auftraggeber beziehungsweise Einkäufer der menschlichen Arbeitskraft haben die unangenehme Angewohnheit, unangenehme Fragen zu stellen. Diese müssen auf eine angenehme Weise beantwortet werden. Im Folgenden werde ich Ihnen hierzu eine Liste vorstellen. Auch hier haben Sie wieder die Möglichkeit, Ihren Kugelschreiber ausgiebig einzusetzen. Lesen Sie erst weiter, wenn Sie das in der Tabelle auf Seite 76 getan haben!

Die Fragen sind so zu beantworten, dass der Auftraggeber damit vollkommen zufrieden ist. Sehr gut haben Sie die Frage beantwortet, wenn Sie es schaffen, dem Auftraggeber eine Ihrer Schwächen als eine Stärke zu verkaufen.

Unangenehme Fragen des Auftraggebers	Was können Sie darauf antworten?
Was machen Sie zurzeit?	
Warum haben Sie Ihr letztes Arbeitsverhältnis gelöst?	
Warum wollen Sie für uns tätig werden?	
Was wollen Sie als Honorar?	
Welche Erfahrungen haben Sie in unserem Bereich?	
Welche Methoden verwenden Sie?	
Warum verwenden Sie nicht die XY-Methode?	
Wo haben Sie dieses Seminar schon durchgeführt?	
Was sind Ihre Stärken?	
Wo liegen Ihre Schwächen?	
Wie sind Sie auf unsere Firma gekommen?	
Wie alt sind Sie?	

Damit Sie noch einmal Ihre Kreativität bemühen können, habe ich Ihnen einige Felder freigelassen, die Sie bitte mit weiteren möglichen Fragen ausfüllen. In der rechten Spalte können Sie nun eintragen, was Sie darauf antworten.

Ablaufdiagramm

Um sich weiter auf das Telefongespräch vorzubereiten, entwerfen Sie ein mögliches Ablaufdiagramm. Dazu nehmen Sie ein großes Blatt, am besten ein Flipchart-Papier. Sie fangen oben links an und überlegen sich als Erstes Ihre Begrüßung. Dann geht es damit weiter, wie Sie Ihr Gegenüber am besten für sich interessieren können.

Der Auftraggeber wird immer Einwände anführen. Dies muss Ihnen bewusst sein. Es ist ein Teil des Spiels. Wenn es Ihnen gelingt, darauf adäquat zu reagieren, kann das Spiel weitergehen. Also immer wieder neu überlegen, wie auf Einwände optimal reagiert werden kann. Je besser Sie sich darauf vorbereiten und einen Einwand gar nicht mehr als solchen begreifen, umso weniger wird Ihr potenzieller Kunde Sie damit treffen können. Im Idealfall verpufft sein Einwand ins Leere.

Für dieses Flussdiagramm kann unter Umständen eine Seite gar nicht ausreichen. Telefonmarketing-Unternehmen haben dazu Computerprogramme, die ständig mit neuen Einwänden und möglichen Reaktionen gefüttert werden. Es ist wichtig, sich permanent damit zu beschäftigen. Bleibe ich immer wieder am gleichen Einwand hängen, so ist es meine Aufgabe, eine neue Lösung zu finden. Entweder hat mein Produkt hier eine Schwachstelle, oder ich bin selbst nicht genügend davon

Die individuelle Selbstvermarktungsstrategie

Auftragsakquisition am Telefon

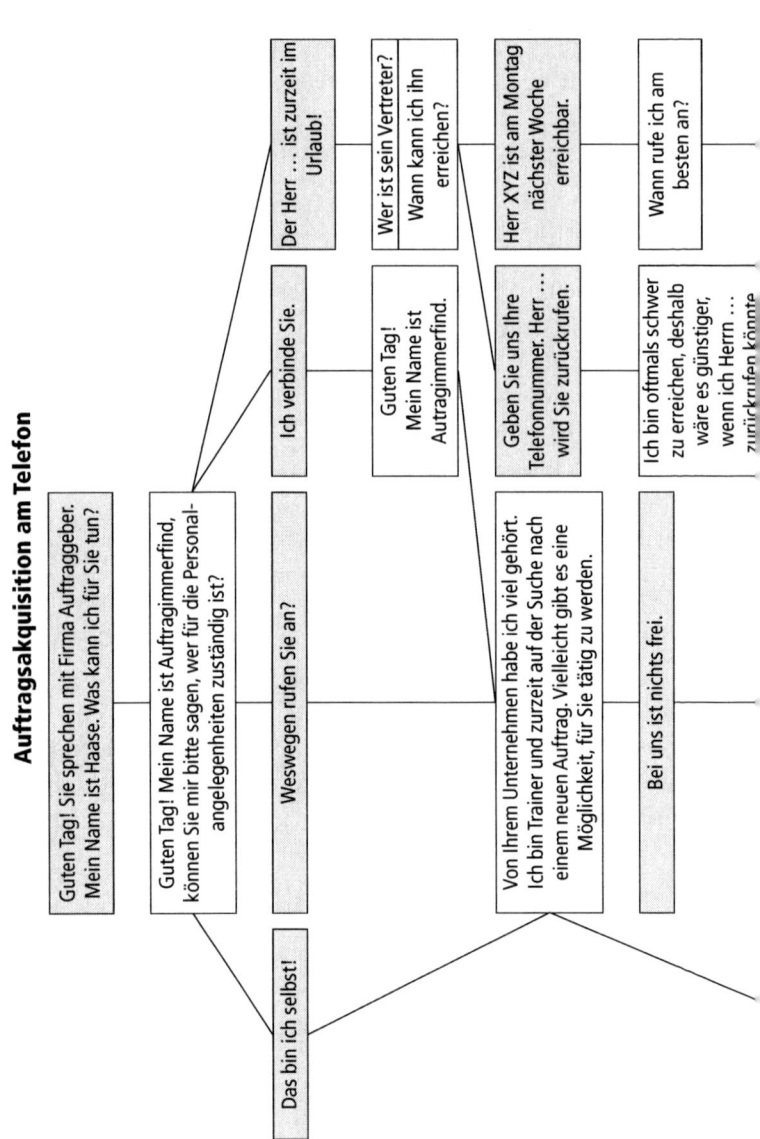

Entwicklung der persönlichen Marketingstrategie

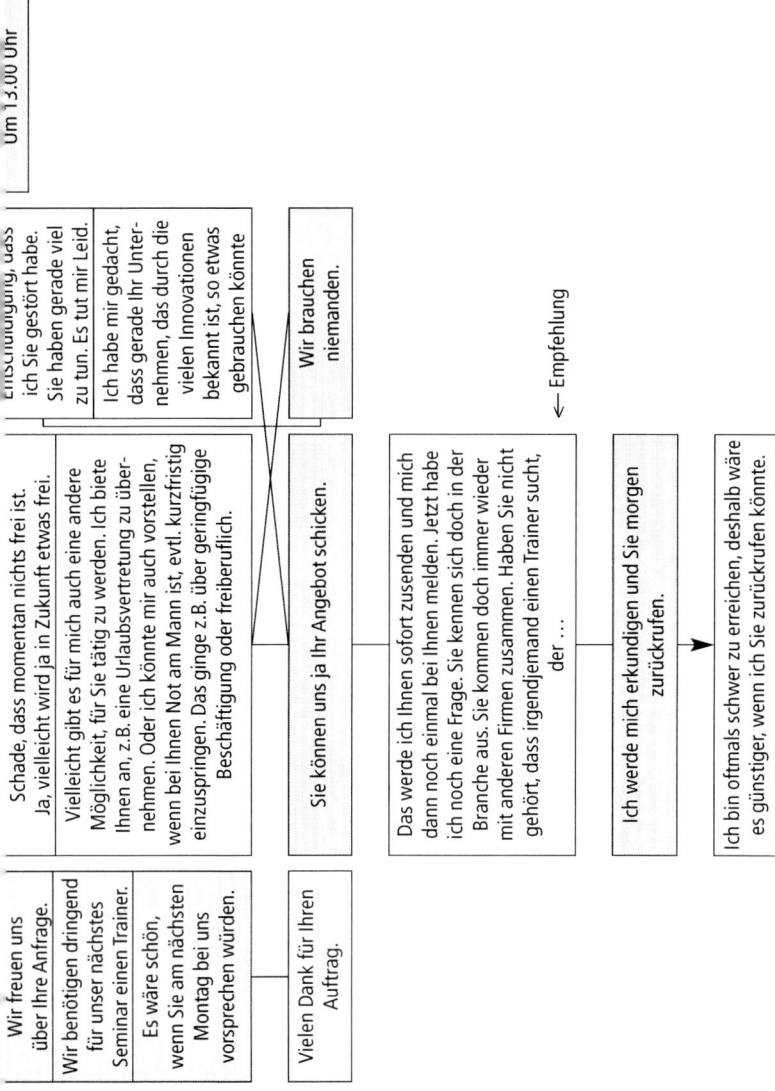

überzeugt. Die Frage lautet dann natürlich: Was muss ich ändern?

Bester Zeitpunkt

Wenn Sie einen Auftrag mit Sicherheit nicht haben wollen, so überfallen Sie die Firma am besten im vollen Stress am Montagmorgen. Auch der geruhsame Freitagnachmittag in bester Kaffeelaune eignet sich besonders, um keinen Erfolg zu erzielen.

Die besten Zeiten sind in der Regel Dienstag bis Donnerstag zwischen 10 Uhr und 11.30 Uhr und am Nachmittag zwischen 14 und 15 Uhr.

Rahmenbedingungen

Räumen Sie einen größeren Tisch frei, auf dem Sie Platz haben! Sie müssen dort einiges ausbreiten können:

Legen Sie die Bedürfnisanalyse, Ihren Lebenslauf und das Ablaufdiagramm direkt vor sich hin, und lesen Sie alles noch einmal durch. So verschaffen Sie sich noch einmal einen Überblick. Dies können Sie auch vor einer persönlichen Vorstellung noch einmal tun.

Legen Sie sich einen Block und mindestens zwei Stifte zurecht. Sie glauben nicht, wie gerne diese Schreibutensilien gerade dann ihren Dienst verweigern, wenn sie am nötigsten gebraucht werden.

Auch die Liste mit den unangenehmen Fragen des Arbeitgebers liegt auf Ihrem Tisch, damit Sie während des Gespräches spicken können. (Viele erfolgreiche Menschen haben bei Prüfungen gespickt, auch ich will dies für mich nicht ausschließen.)

Legen Sie sich keine Zigaretten zurecht, sonst kommen Sie noch in Versuchung, dem neuen Auftraggeber ins Ohr zu rauchen. Bei einem Nichtraucher könnten Sie damit Ihre Chancen auf null setzen.

Bewegen Sie sich, bevor Sie anfangen zu telefonieren. Sehr gut eignen sich dazu Streckübungen und vielleicht ein paar Klimmzüge oder Liegestütze. Auch ein laut gesungenes Lied und sonstige Artikulationsübungen zum Befreien des Stimmapparates sind anzuraten.

Gut ist auch, einen Apfel zu essen. (Eine Anleitung hierzu finden Sie im Kapitel »Das persönliche Vorstellungsgespräch«).

Setzen Sie sich bequem und aufrecht hin, damit Ihr ganzer Stimmapparat frei und entspannt ist. Dies geht am besten, wenn Sie verkehrt herum auf dem Stuhl sitzen oder einen Ball zum Sitzen verwenden. Auch Stehen an einem Pult oder Ähnlichem eignet sich sehr gut. Erzeugen Sie ein gutes Gefühl, indem Sie sich entspannt hinsetzen und tief in Ihren Bauch atmen. Denken Sie dabei an ein Gespräch, bei dem Sie Erfolg hatten oder an das Sie sich gerne erinnern. Und jetzt haben Sie das Gefühl …

Rufen Sie zuerst eine Firma an, die Ihnen wenig bedeutet, und beobachten Sie dieses Gespräch als Übung.
Schreiben Sie also die Firma mit Telefonnummer auf den Block, die Sie als Erste anrufen wollen.

Das Telefongespräch

Grundsätzlich achte ich darauf, dass das Gespräch in einer positiven Gesprächsatmosphäre abläuft. Dies gelingt mir mit positiven Äußerungen über das Unternehmen und leichten Komplimenten an mein Gegenüber. (Bloß keine Anzüglichkeiten!) Auch das Hervorheben von Gemeinsamkeiten trägt dazu bei. Eine weitere Möglichkeit ist das Wiederholen von Äußerungen, vor allem von Fragen meines Gegenübers in eigenen Worten.

Sie wählen nun die Nummer, eine Stimme am anderen Ende meldet sich. Achten Sie auf den Namen und notieren Sie diesen. Wird er nicht genannt, so fragen Sie sofort nach. Dies wird Ihnen nicht verübelt, sondern als Interesse gewertet (zum Beispiel »Entschuldigung, wie ist Ihr Name?«).

Nun kommen Sie an die Reihe mit der Begrüßung und der Eingangsfrage: »*Grüß Gott, mein Name ist Auftragimmerfind, können Sie mir bitte sagen, wer für Personalangelegenheiten zuständig ist?*«

Mit dieser Formulierung erreichen Sie genau die Denkstruktur Ihres Gegenübers. Die Person, die in einer Firma ans Telefon geht, überlegt immer sofort, an wen sie dieses Gespräch weitergeben muss. Sie wird Ihnen daher in der Regel einen Namen nennen; notieren Sie ihn.

Es kann Ihnen auch passieren, dass Sie sofort weiterverbunden werden. Oder Sie werden gefragt, was Sie denn wollen. Daraufhin müssen Sie sich nun zu erkennen geben. Ich mache dies zum Beispiel mit folgendem Satz: »Ich rufe an wegen einer Trainertätigkeit.«

Werde ich weiter gefragt, so sage ich: »*Von Ihrem Unternehmen habe ich viel gehört. Ich bin Trainer und zurzeit auf der Suche nach einem neuen Auftrag. Vielleicht gibt es eine Möglichkeit, für Sie tätig zu werden.*«

Fügen Sie einfach Sätze aus der Tätigkeitsbeschreibung ein. Die negativste Antwort, die Sie nun erhalten können, ist die folgende: »Bei uns ist nichts frei!«

Frustriert? Auflegen! Nein, denn das ist erst der Aufruf zum sportlichen Wettkampf. Das Schachspiel beginnt. Jetzt wird es erst interessant.

Sie bringen nun selbstverständlich Ihre Trauer darüber zum Ausdruck, um anschließend das Gespräch weiterzuführen: »Schade, aber vielleicht wird ja in Zukunft etwas frei. Vielleicht gibt es für mich auch eine andere Möglichkeit, für Sie tätig zu werden. Ich biete Ihnen an, zum Beispiel eine Urlaubsvertretung zu übernehmen. Oder ich könnte mir auch vorstellen, wenn bei Ihnen Not am Mann ist, eventuell kurzfristig einzuspringen. Dies ginge zum Beispiel über eine geringfügige Beschäftigung oder freiberuflich.«

Jetzt warte ich wieder die Reaktion ab, sie wird in der Regel positiv sein. Gesprächspausen nutze ich sofort dazu, meine Vorzüge ins Gespräch zu bringen. Dazu schaue ich ab und zu auf die rechte Seite meiner beiden Tabellen. Diese Äußerungen führen dazu, ein positives Gesprächsklima zu erzeugen.

Reagiert Ihr Gesprächspartner, also ihr potenzieller Kunde, nicht, oder will er Ihr Angebot nicht annehmen, so leiten Sie sofort auf ein anderes Thema über: »Vielleicht kennen Sie sonst noch jemanden, der jemanden wie mich sucht.« Nun erklären Sie Ihre Person. Schauen Sie dazu wieder auf die rechte Seite der Tabellen. Jetzt müssen Sie Schlag auf Schlag Ihre Argumente anbringen, allerdings immer im Tonfall und in der Sprechgeschwindigkeit Ihres Gegenübers.

Auch Formulierungen wie »Sie kennen sich doch in der Branche aus, Sie kommen doch immer wieder mit anderen Firmen zusammen. Haben Sie nicht etwas gehört, dass jemand einen Trainer sucht, der ... (rechte Spalte)?« eignen sich vorzüglich. In dieser Phase des Schachspiels muss es Ihnen gelingen, die Denkfaulheit Ihres Gegenübers zu überwinden und sich sein Wissen zunutze zu machen. Seien Sie höflich, aber auch hartnäckig. Sie werden erreichen, dass Sie im Kopf Ihres Gesprächspartners herumspazieren können. Sie bestimmen, in welche Richtung er denkt.

Notieren Sie sich alle wichtigen Informationen. Haken Sie sofort nach bei Namen und Informationen, und fragen Sie weiter.

Können Sie Informationen erst am nächsten Tag erhalten, so bieten Sie sofort an, dass Sie wieder anrufen, mit der Begründung, dass Sie schlecht zu erreichen sind. Verlassen Sie sich bei einer Bewerbung nie darauf, dass Sie zurückgerufen werden. Dies trifft in den seltensten Fällen zu.

Haben Sie eine Empfehlung erhalten, so fragen Sie gleich nach, ob Sie Herrn Hingehängt auch einen schönen Gruß bestellen dürfen. Vielleicht bietet sich auch noch die Frage an, ob Herr Hängjedenhin am anderen Ende der Leitung Herrn Hingehängt kennt. Und vorsichtig: »Ach, Sie kennen sich gut?«

Es kann ja sein, dass Ihr Hängjedenhin jetzt noch weiter aus dem Nähkästchen plaudert. Dies sind alles wertvolle Informationen, die Sie beim nächsten Telefongespräch sehr gut brauchen können. Selbstverständlich wird sofort alles notiert.

Ob Sie nun Informationen erhalten haben oder auch nicht, kommen Sie zum Abschluss noch einmal auf Ihr Angebot zurück, für die Firma freiberuflich, geringfügig oder aushilfsweise tätig zu werden. Jetzt ist Ihr Gegenüber eventuell bereit dazu. Außerdem erhöhen Wiederholungen immer die Effektivität. Der Mensch ist oft vergesslich, wenn ihm nicht geholfen wird. Dies trifft auch für die Käufer Ihres Arbeitsangebotes zu.

Verfahren Sie bei der Vorzimmerdame genauso wie beim Personalchef oder Unternehmer. Die Vorzimmerdame ist oftmals sogar der größere Informationsträger als der Chef selbst. Jeder, den Sie an die Strippe kriegen, wird nach dem beschriebenen System gelöchert.

Damit Sie nun auch gleich eine Checkliste zum Telefonieren zur Hand haben, möchte ich Ihnen einen Vorschlag machen. Kopieren Sie die nächste Seite ungefähr 30 Mal, und heften Sie sie dann in einen Schnellhefter. Wenn Sie keinen neuen haben, benutzen Sie eine zurückgeschickte Bewerbungsmappe. Dafür ist sie sicherlich besser geeignet, als abgegriffen nochmals mit Ihren Bewerbungsunterlagen auf Reisen zu gehen.

86 Die individuelle Selbstvermarktungsstrategie

Telefonprotokoll:
Firma:

Tel.: **Gesprächspartner:**
Datum:

Mögliche Nebenbeschäftigung:

Zusenden von Bewerbungsunterlagen

Persönliche Vorstellung

Empfehlungen

Ansprechpartner: _____

Kunden: _____

Arbeitgeberverband: _____
Handwerkskammer: _____
IHK: _____
Freunde: _____

Bekannte Unternehmen: _____

Weitere Maßnahmen in dieser Firma:

Weitere Gesprächspartner in der Firma:

Weitere Informationen über die Firma:

Ausschlachten des Telefongesprächs

Wie verwenden Sie nun die erhaltenen Empfehlungen? Dies geschieht, indem Sie vor allem die erhaltenen Namen auch richtig nutzen: »Ich möchte bitte Herrn Kaufallesein sprechen.« Haben Sie Herrn Kaufallesein am Telefon, so werden Sie ihm natürlich sofort mitteilen, dass Herr Hängjedenhin Ihnen gesagt hat, bei ihm wäre eine Stelle als … frei. Die Wirkung ist fantastisch, vor allem, wenn Sie noch weitere Informationen einstreuen, die Sie von Herrn Hängjedenhin bekommen haben. Ist bei Ihrem neuen Gesprächspartner nichts frei, wird er wie vorher beschrieben systematisch gelöchert.

Mit diesem System wird es Ihnen, sofern Sie der deutschen Sprache mächtig sind, ziemlich sicher gelingen, einen neuen Auftrag zu erhalten.

Telefonische Nachfassaktionen

Wenn Sie mit den verschiedensten Aktionen an Kunden herangetreten sind, lohnt es sich immer, nach einer gewissen Zeit nachzufragen. Dazu sollte man sich das Einverständnis des Kunden immer gleich im Vorhinein holen. Wie macht man das?

Man fügt am Ende eines Mailings bereits den Satz ein: »Ich werde nächste Woche bei Ihnen anrufen, um mich danach zu erkundigen, ob Ihnen mein Angebot nützlich sein kann.« Auch in Telefongesprächen sollte man immer anbieten, selbst noch einmal anzurufen. Man will ja schließlich dem anderen keine Arbeit machen.

Bei der Nachfassaktion bleibt man zurückhaltend, allerdings auch bestimmt. Man hat ja etwas Gutes anzubieten. Vor allem ist es sehr wichtig, sich zum Entscheidungsträger vorzukämpfen. Das ist manchmal nicht so einfach, aber je öfter man anruft, desto eher erreicht man sein Ziel. Hat man eine Sekretärin das fünfte Mal am Telefon, wird sie einen schon durchstellen. Manchmal auch nur, weil ihr peinlich ist, dass das ursprüngliche Mailing untergegangen ist.

Das Nachfassen dient vor allem auch zum Aufbauen von Kontakten und damit zur Erzeugung des nötigen Vitamin B, von dem man nie genug haben kann. Sie verschaffen sich zugleich aktuelles Wissen über die Branche. Selbst beim Konkurrenten können Sie dann die Namen aus der anderen Firma einsetzen. Dies signalisiert Interesse. Bauen Sie diese Telefongespräche also schrittweise aus, man weiß nie, wozu dies noch gut sein kann. Eventuell wird gerade in dieser Firma innerhalb der nächsten drei Monate Ihr Traumjob frei. In der Zwischenzeit haben Sie in einem anderen Unternehmen bereits ein Praktikum gemacht und kennen sich auch wirklich in der Materie aus.

Verteilen von Handzetteln

Das ist besonders für einen Markttest von Bedeutung. Wenn Sie sich im Kleinen selbstständig machen wollen, können Sie Ihr Vorhaben damit testen. Verteilen Sie in Ihrer ganzen Umgebung Ihr Angebot, indem Sie die Zettel überall auslegen, wo Sie Ihre Zielgruppe erreichen können. Dazu tragen Sie immer mindestens 500 Stück mit sich herum. Bringen Sie dann das Gespräch auf Ihre Geschäftsidee, und spannen Sie alle anderen für sich ein. Ihre Idee ist doch spannend, oder?

Also erzählen Sie davon, dann ersparen Sie Ihren Gesprächspartnern, dass sie ihre Zeit mit Fernsehen und »Bild-Zeitung-Lesen« verplempern. Sie sind doch interessanter! Und viele Menschen wollen tratschen. Also bringen Sie doch sich und Ihre Idee ins Gespräch. Dabei kommt oft etwas raus. Und Sie können sehr günstig Ihren Markt testen und Ihren Auftritt verfeinern. Sie werden von fast allen Gesprächspartnern, auch wenn diese jetzt vielleicht noch nicht sofort Ihre Kunden werden wollen, wertvolle Tipps erhalten.

Diese Zettel können ganz klein sein. Das Format DIN A6 oder A7 reicht dazu vollkommen. Sie brauchen nur saubere Kopien, die ordentlich geschnitten sind. Das macht jeder Copyshop. Verwenden Sie aber ein etwas besseres Papier, eventuell in der Farbe, die Ihr Unternehmen repräsentieren soll.

Kleben von kleinen Handzetteln an Lichtmasten o.Ä. mit Abriss-Streifen Ihrer Telefonnummer

Ähnliche Zettel können Sie natürlich überall aufhängen, wo es nicht verboten ist. Wenn Sie dazu noch Telefonnummer und Internetadresse abreißbar anfügen, wird Ihr Aushang noch wirkungsvoller. Auch hier ist eine Größe von DIN A6 bereits ausreichend.

Verwenden Sie auf jeden Fall nur Klebestreifen, die sich rückstandsfrei beseitigen lassen. Damit entgehen Sie eventuellen Schadensersatzansprüchen. Vielleicht haben Sie ja auch Bekannte, die für Sie plakatieren wollen. Dann weiß niemand mehr so genau, wer die Zettel wo aufgehängt hat. Dies kann Ihnen im Fall einer illegalen Anbringung auch nicht in die

Schuhe geschoben werden. Sie wissen ja nicht, wo Ihre Bekannten aus reiner Gefälligkeit Ihnen gegenüber die Zettel angebracht haben. Oftmals bietet sich auch die Gelegenheit zu fragen, ob und wo man etwas aufhängen darf, dann sollten Sie allerdings eher das Format DIN A3 oder A4 verwenden. Aber warum sollte Ihr Angebot nicht in Geschäften und Schaufenstern hängen? Auch so ergibt sich wieder eine Möglichkeit zu Gesprächen und zur Produktion von Vitamin B.

Ansonsten bieten sich für die kleinen Zettel unter anderem schwarze Bretter in Supermärkten oder Firmen, Lichtmasten und ungenutzte Fassaden an.

Eigener Flyer (Werbeprospekt)

Ein zweimal gefaltetes DIN-A4-Blatt ist hier der Standard. Es wirkt oft Wunder und ist einer der besten Werbeträger überhaupt, wenn es um das Anbieten von Dienstleistungen geht. Und Sie glauben gar nicht, was auf diesen sechs Seiten alles Platz hat. Sie bringen ohne weiteres Ihren gerafften Lebenslauf unter, Ihre gesamten Referenzen, eventuell sogar noch ein Zeugnis. Und vor allem können Sie ganz genau definieren, was Sie Ihrem Kunden alles anbieten wollen. Selbstverständlich gehört auch ein Foto von Ihnen dazu.

Ein Flyer kann eine sehr kostengünstige Werbevariante sein, die sich mit WORD herstellen lässt. Sie nehmen dazu das Blatt im Querformat (Menü Datei/Seite einrichten) und fügen für jede einzelne der drei Spalten als Erstes Textfelder (Menü Einfügen) ein. Auch Grafiken und Bilder können Sie so am besten positionieren.

Machen Sie am Schluss so lange Probeausdrucke, bis der Flyer auch von Bekannten als perfekt eingestuft wird. Dann speichern Sie die Datei auf eine Diskette, gehen damit in einen Copyshop und lassen sich das Ganze drucken. Das kostet meist nicht mehr als normale Fotokopien. Standard ist in diesen Läden mittlerweile der Digitaldruck.

Auf Farbe können Sie oft verzichten, wenn Ihre Gestaltung gut ist und Sie hochwertiges Papier benutzen. Bei Verwendung von Farbe bietet sich bei kleinen Mengen Ihr Tintenstrahldrucker als Alternative an, eventuell auch ein kombinierter Druck von Heim-Tintenstrahler und Copyshop. Wie aufwändig Sie Ihren Flyer gestalten wollen, hängt von Ihrem Vorhaben und Ihrer Zielgruppe ab.

Wozu nun lassen sich diese Flyer einsetzen?
- Für jede Art der freiberuflichen Stellensuche
- Für das Massenmailing
- Zum Auslegen
- Zum persönlichen Weitergeben
- Zur Unterstützung der schriftlichen Bewerbungsunterlagen
- Zum Verteilen auf Events
- Zum Weitergeben an Freunde und Bekannte, damit diese Sie weiterempfehlen können

Messebesuch mit Initiativbewerbung

Auf Fachmessen treffen Sie Ihre potenziellen Arbeitgeber, und Sie bekommen dort einen kompletten Überblick über die aktuellen Entwicklungen des Marktes. Sie können Ihren Messebesuch auch wunderbar in Bewerbungsanschreiben und persönlichen Bewerbungsgesprächen unterbringen.

Wenn Sie jetzt sagen, die Messe interessiert mich nicht, oder der Aufwand hinzukommen ist zu groß, dann dürften Sie nicht auf der Suche nach Ihrem Traumarbeitgeber sein. Also heißt das, noch mal von vorn anzufangen.

Hier noch ein paar Tipps, um eventuell als Fachbesucher oder kostenlos auf die Messe zu gelangen. Aktivieren Sie doch Ihre alten Kontakte. Überlegen Sie, wer von Ihren alten Bekannten eventuell auf der Messe sein könnte. Abgesehen davon, dass Sie diese auch gleich über Ihre Stellensuche informieren können, werden sie Ihnen eine Eintrittskarte verschaffen können. Gerade Aussteller haben meist noch Eintrittskarten übrig. Oder lassen Sie sich eine Einladung zu einem Messetermin von dieser Firma geben, damit können Sie sich dann als Fachbesucher akkreditieren lassen.

Bei der Frage nach den Kosten hilft auch wieder genaues Überlegen, wie es günstiger gehen kann. Wer wohnt in der Nähe der Messestadt? Der könnte sich doch auch über einen Besuch freuen, oder? Einen Anruf ist es auf jeden Fall wert. Und die Fahrt dorthin? Wenn Sie eine Mitfahrgelegenheit suchen, dann gibt es in jeder größeren deutschen Stadt Mitfahrzentralen, mit denen Sie wesentlich günstiger von A nach B kommen als mit der Deutschen Bahn AG. (Versuchen Sie es auch im Internet unter www.Mitfahrzentrale.de.)

Machen Sie auch Ihrem Arbeitsvermittler klar, dass der Messebesuch für Sie Bewerbungsaufwand ist. Dazu binden Sie ihn in die Planung Ihres Messeauftritts ein, zeigen ihm, dass Sie besonders engagiert sind, zeigen ihm Ihren Flyer-Entwurf und machen für die Messe ein paar Vorstellungstermine aus. Dann kann der Vermittler nicht mehr anders, als Ihnen die kompletten Bewerbungskosten zu ersetzen, oder? Und das alles macht auch noch Spaß!

Auf der Messe besorgen Sie sich als Erstes Termine mit den Personalverantwortlichen Ihrer wichtigsten potenziellen Arbeitgeber. Bei einer wichtigen Messe werden sie in der Regel da sein. Wenn nicht, dann ist wenigstens der Geschäftsführer vor Ort, auch nicht schlecht. Also lassen Sie sich Termine geben. Auf der Messe wird nicht danach gefragt, was Sie wollen, Sie bekommen den Termin! Ich selbst habe auf der Internationalen Automobilausstellung an einem Pressetag ohne Presseausweis und ohne vorherige Termine mit den Marketingleitern von Daimler-Chrysler, Ford, Opel, Proton, Suzuki, Peugeot, Renault, Citroën und Fiat gesprochen. Nur danach gefragt und eine unbedeutende Visitenkarte vorgelegt.

Also schaffen Sie das auch. Auf der Messe wird nicht lange gefragt, es geht um Kontakte. Deshalb sind die Firmen auch da.

Ansonsten sprechen Sie auf jedem Stand, der Sie auch nur halbwegs interessiert, die Menschen an, hinterlassen am besten Ihren Flyer und unterhalten sich einfach. Jedes gute Gespräch ist ergiebig und gibt einem zumindest ein positives Gefühl. Dies lässt den nächsten Kontakt schon wieder viel leichter werden.

Achten Sie darauf, dass Sie schon zu Beginn auf der Messe anwesend sind. Die ersten Tage am Morgen sind am besten, denn die Leute sind noch ausgeruht. Man nimmt sich Zeit, und jeder Kontakt ist noch wichtig. Planen Sie den Messebesuch immer mit open end. Es gibt auf fast jeder Messe Standpartys, die oft bei Messeschluss am Abend beginnen.

Achten Sie schon den ganzen Tag darauf, ob Sie eine Einladung dazu erheischen können. Dies ergibt sich aus meist flachsigen, unwichtig erscheinenden Gesprächen. Wenn Sie keine Einladung haben, bleiben Sie einfach auf der Messe, und gesellen Sie sich zu den beginnenden Partys. Es wird sich keiner darum kümmern. Die meisten freuen sich, wenn ihre Party gut besucht ist.

Nehmen Sie auf die Messe Ihre Visitenkarten und Flyer, eine Kladde mit frischem Papier und einen guten Stift mit. In jede Sakkotasche passt dann noch ein Apfel. Warum denn das? Damit Sie zwischen den ganzen Gesprächen etwas zum Kauen haben und wieder einen frischen, saftigen Ausdruck bekommen. Und selbstverständlich brauchen Sie auf der Messe Ihr Handy. Sie haben keins? Dann besorgen Sie sich eins. Alte Geräte gibt es überall geschenkt, und eine Karte, mit der Sie ein Jahr erreichbar sind, kostet gerade mal 13 Euro. Auch bei anderen Gelegenheiten will Sie Ihr neuer Arbeitgeber gleich direkt sprechen und nicht Ihren Anrufbeantworter, weil Sie mal wieder nicht zu Hause sind. Die meisten legen dann wieder auf. Und weg ist der Traumjob.

Die Ergebnisse Ihrer Gespräche notieren Sie sich sofort. Am Abend wissen Sie sonst nicht mehr, mit wem Sie worüber gesprochen haben. Tun Sie das schon während des Gespräches. Dies erhöht auch die Verbindlichkeit gegenüber dem Gesprächspartner, und er wird sich mehr Zeit für Sie nehmen. Sie erhalten auch alle Namen der Ansprechpartner, fragen Sie gleich nach der Telefondurchwahl. Seien Sie ein freundlicher, interessierter Kunde, und Sie bekommen alles. Probieren Sie es aus. Es funktioniert.

Mieten einer Plakatwand oder Litfaßsäule

Jetzt werden Sie mich vielleicht für verrückt halten. Doch warum? Eine gute platzierte Plakatwand erzeugt immer Interesse. Wenn Sie sich nicht scheuen, mit Ihrem Anliegen an die Öffentlichkeit zu gehen, kann dies ein guter Weg sein. Was meinen Sie, was passiert, wenn sich ein Ingenieur, der mit 53 Jahren entlassen worden ist, auf diese Art und Weise seinen neuen Arbeitgebern präsentiert? Die Medien vom »Handelsblatt« bis zu »Focus TV« werden sich um den Event reißen, wenn der frühere Manager zur Selbsthilfe greift und seine beruflichen Wünsche auf die Plakatwand klebt. Glauben Sie, dass dieser Mann von irgendeinem Unternehmen noch als nicht mehr flexibel eingestuft wird? Doch sicher nicht. Wenn er auf diese Art und Weise aktiv wird, bekommt er mit an Sicherheit grenzender Wahrscheinlichkeit seinen Traumjob angeboten.

Das Gleiche geht auch in einer Kleinstadt, wenn dem Verkäufer im Supermarkt gekündigt wurde und er nun eine neue Tätigkeit sucht. Das örtliche Lokalblatt bringt sicher einen Zeitungsartikel. Den lokalen Radiosender können Sie auch noch mit ins Boot nehmen. Erzählen Sie doch einfach mal eine Stunde im Radio über sich und was Sie wollen. Hinterher werden Sie mit Angeboten überhäuft.

Das Mieten einer Plakatwand kostet um die 100 bis 150 Euro für eine Woche. Macht sicherlich auch Spaß, dies dem Arbeitsamt als Bewerbungskosten zu vermitteln …

Kontaktieren von alten Bekannten oder Kollegen

Nehmen Sie sich ein großes Blatt Papier, und schreiben Sie auf dieses Blatt, wen Sie alles kennen. Am besten geht dies mit der Methode des Mind-Mapping. Die Methode ist ganz einfach genial. Sie schreiben in die Mitte Ihre Frage: »Wen kenne ich?« Von dort aus entwickeln Sie Äste, auf die Sie alles schreiben, was Ihnen dazu einfällt. Sie können sich damit jede Frage stellen und werden sehr schnell Antworten finden. Genauso können Sie mit dieser Methode auch Gruppen moderieren. Wenn Sie jetzt noch keine Vision hätten, könnten Sie damit noch mal anfangen: »Was macht mir Spaß?« wäre dann der Fokus. Sie werden erstaunt sein, wie viele Menschen Ihnen im Lauf Ihres Lebens begegnet sind. Hören Sie erst damit auf, wenn Sie Ihr ganzes Leben abgegrast haben.

Und nun kommt wieder die Arbeit. Sie nehmen sich vor, alle diese Menschen wieder einmal zu kontaktieren. Es würde Sie doch auch freuen, wenn ein uralter Kollege, den Sie aus den Augen verloren haben, Sie plötzlich einfach anrufen und sich danach erkundigen würde, wie es Ihnen geht, oder?

»Aber wo bekomme ich die Telefonnummer her? Und das ist ja unheimlich teuer ...«, werden Sie jetzt vielleicht sagen. Aber für die Telefonnummern gibt es CDs mit Gesamtnamenslisten von ganz Deutschland. Damit findet man schon sehr viele alte Bekannte wieder. Gerade wenn sie noch in ihrem alten Ort wohnen oder einen ausgefallenen Namen haben. Diese CDs können in den meisten Büchereien ausgeliehen beziehungsweise gleich an Ort und Stelle genutzt werden. Verbringen Sie einmal einen Tag in einer Büche-

Entwicklung der persönlichen Marketingstrategie

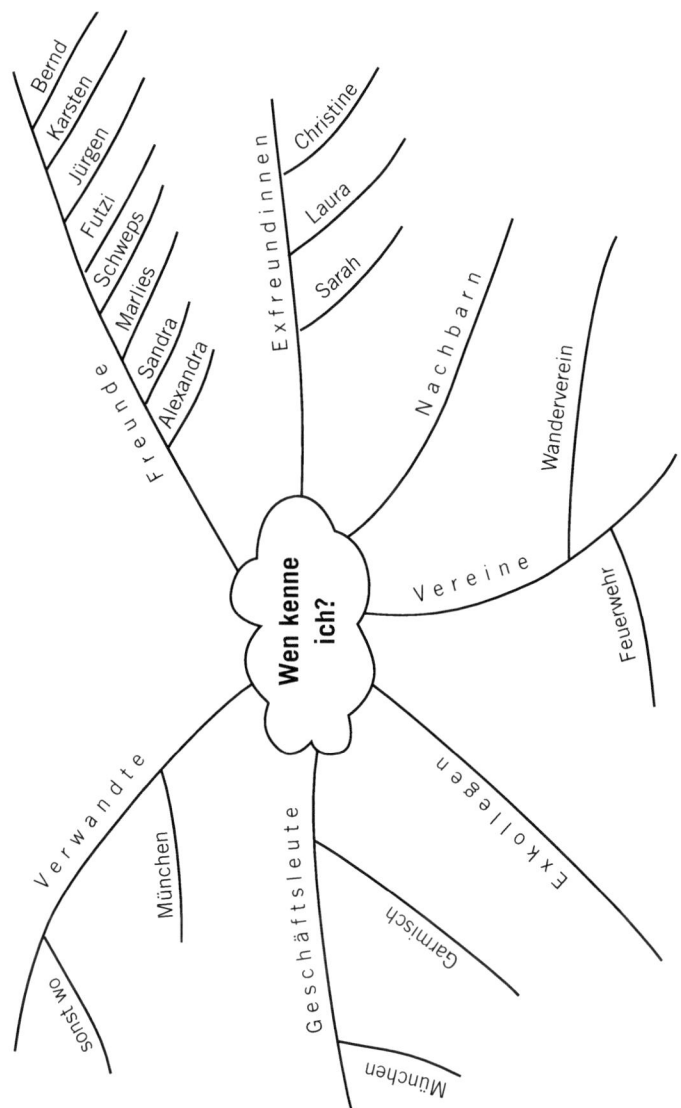

rei. Auch dort kann man wieder Menschen kennen lernen und lernt zusätzlich etwas am PC. Und teuer ist das alles längst nicht mehr. So kostet abends eine Stunde Telefonieren schon weniger als einen Euro. Solche Ausreden gelten also nicht.

Was soll ich dann am Telefon von mir erzählen? Ist doch klar, nachdem Sie sich nach dem anderen erkundigt haben und er ausführlich von sich erzählt hat, wird er Ihnen auch sein Ohr schenken. Sagen Sie, dass Sie sich jetzt in der Arbeitslosigkeit mal die Zeit nehmen können, auf die Suche nach alten Bekannten zu gehen. Und Ihrem Gesprächspartner wird nichts anderes übrig bleiben, als seine sämtlichen Gehirnwindungen anzustrengen, ob er in seinem Umfeld etwas gehört hat, wo Sie gebraucht werden könnten. Wenn er momentan nichts weiß, wird er in Zukunft wenigstens die Augen und Ohren für Sie offen halten. Und Sie können sicher sein, dass er sich bei Ihnen meldet, sobald er etwas erfährt. Das machen Sie mit sämtlichen Ihrer Bekannten so. Was meinen Sie, wie viele Menschen Sie damit für sich einspannen können? Das ist reines Vitamin B, Ihr ganz persönliches Vitamin B. Also nutzen Sie das.

Und jetzt noch weiter: Denken Sie einmal an alle Ihre Feinde. Mit wem kamen Sie nicht zurecht? Wen haben Sie bekämpft? Wer hat Sie bekämpft? Ist es nicht an der Zeit, Frieden zu schließen? Auch hier lagert eine gewaltige Portion des segensreichen Vitamin B. Also sammeln Sie es ein. Wie? Indem Sie einfach anrufen und sagen, dass Sie das Kriegsbeil begraben wollen. Selbstverständlich werden Sie auch hier wieder erwähnen, dass Sie arbeitslos sind und sich nun Gedanken machen, was Sie alles in Ihrem Leben falsch gemacht haben,

und dass Sie es nun besser machen wollen. Dazu ist es Ihnen auch wichtig, mit dem alten Widersacher Frieden zu schließen. Was ist denn das Schlimmste, was Ihnen dabei passieren kann? Sie werden beschimpft (was wahrscheinlich nicht vorkommt), oder der andere hängt ein (was nur bei groben Feinden passieren kann). Ansonsten können Sie nur gewinnen. Und in eine offene Wunde, die jemand herzeigt, schlägt kein normaler Mensch. Sie werden dafür von Ihren (ehemaligen) Feinden geachtet werden. Erlauben Sie doch Ihren Feinden, dass sie den Satz der Bergpredigt erfüllen können: Liebet Eure Feinde! Sie werden sehen, Ihnen geht es nach ein paar solchen Telefongesprächen prächtig. Und Sie werden sich nur noch fragen: Wo habe ich noch mehr Feinde? Her damit!
Und das Vitamin B wächst und gedeiht.

Veranstaltung eines Fests zu Hause

Der vorherige Abschnitt dient hierfür als Voraussetzung. Jetzt gehen Sie den nächsten Schritt, indem Sie anlässlich Ihrer Arbeitslosigkeit 200 bis 300 Personen zu einem richtig ausschweifenden Fest bei Ihnen einladen.

Jetzt werden Sie wieder sagen, der spinnt doch komplett! Womit soll ich denn das bezahlen, und wo soll ich das veranstalten? Tja, auch hier gilt wieder der Satz: Geht nicht gibt's nicht – wie geht es dann?

Selbstverständlich darf das Fest Sie nicht viel mehr als das Porto der Einladung kosten. Also steht auf Ihrer Einladung schon, dass Sie arbeitslos sind und kein Geld haben. Jeder Eingeladene darf zu dem Fest etwas beitragen: einen Salat, eine Nachspeise, eine Kiste Bier oder ein paar Flaschen Wein und selbstverständlich auch Ihren Traumarbeitsplatz, den Sie auf der Einladungskarte genau beschreiben.

Aber wo soll ich denn das machen?

Fragen Sie zum Beispiel in Ihrer Kirchengemeinde nach einem Saal. Oder veranstalten Sie diesen Event in einer Gaststätte, und machen Sie mit dem Besitzer Folgendes aus: Sie bringen das Büfett mit, und die Getränke zahlt jeder Gast selbst. Dazu brauchen Sie in der Regel nur ein paar schlecht frequentierte Gaststätten in Ihrer Umgebung zu fragen, um fündig zu werden. Und Ihre Gäste haben dafür sicherlich auch Verständnis. Für das Büfett wird dann trotzdem alles mitgebracht. Und ein paar Absagen sind ganz normal.

Um das Thema Ihrer Arbeitslosigkeit wird sich an diesem Abend sehr viel drehen. Gut ist es, wenn jeder Eingeladene einen Teil der Einladungskarte mit Tipps beschrieben zur Einladung wieder mitbringt. So muss sich jeder Gast schon selbst mit Ihrem Anliegen auseinander gesetzt haben.

Teilnahme an einer Talkshow

Die Talkshows wissen doch schon längst nicht mehr, was sie noch alles senden sollen. Alle sind daher permanent auf der Suche nach Neuem. Also, was an Ihnen ist außergewöhnlich? Was könnte den Zuschauer interessieren?

Vielleicht ist es Ihre neue Idee, vielleicht ist es etwas, was Sie früher einmal gemacht haben. Vielleicht haben Sie eine besondere Art der Bewerbung gefunden. Irgendetwas Besonderes hat jeder Mensch. Überlegen Sie einfach einmal drauflos. Wenn Sie das Besondere gefunden haben, dann bewerben Sie sich damit bei sämtlichen Talkshows. Natürlich gestalten Sie Ihre Bewerbung so, dass Ihre Idee genau in das Format der Talkshow passt.

In der Talkshow bekommen Sie dann sicherlich auch Gelegenheit, Ihre beruflichen Wünsche zu äußern. Sie sitzen vor einem Millionenpublikum, das Ihnen diese erfüllen kann. Wichtig dabei ist insbesondere, dass Sie Ihre Wünsche eindeutig definiert haben und das in einem Satz ausdrücken können. Mehr Zeit bleibt Ihnen wahrscheinlich nicht. Es sei denn, Ihre Idee oder Ihre Person steht im Vordergrund.

Auch das ist natürlich wieder Arbeit: anrufen, anschreiben mit Konzept, mehrmals telefonisch nachfassen.

(Nahezu) Kostenlose Inserate im Internet oder in Kleinanzeigenblättern

In jedem Gebiet in Deutschland gibt es mittlerweile Anzeigenblätter, in denen auch kostenlose Stellengesuche aufgegeben werden können. Dies ist sowohl via Telefon als auch mittels Internet möglich. Eine Webadresse hierzu ist: www.kurzfuendig.de. Sie können Anzeigen bis zu 250 Zeichen eingeben, daher sollten Sie den Text ganz genau anhand Ihrer Bedürfnisanalyse definieren. Im Internet gibt es auch die verschiedensten Stellenbörsen, in denen Sie selbst inserieren können. Ein gutes Verzeichnis dazu ist auch über die Homepage des Arbeitsamtes zu finden: www.arbeitsamt.de

Tragen Sie sich ruhig in 20 und mehr Suchdiensten ein. Momentan suchen zwar noch wenige Arbeitgeber über dieses Medium, aber es werden täglich mehr.

Erstellung einer eigenen Homepage

Dies ist für viele mittlerweile eine der wichtigsten Aktionen. Jeder Arbeit Suchende sollte zumindest eine ganz einfache Seite haben, auf der wenigstens der Lebenslauf und ein Foto zu finden sind. Dies lässt sich mittlerweile mit jedem PC und auch mit dem normalen Textverarbeitungsprogramm erstellen. Die Datei muss im HTML-Format abgespeichert werden.

Wenn Sie keinen Internet-Zugang haben, dann nehmen Sie die Diskette mit Ihrem Lebenslauf und Bild und veröffentlichen dies aus dem nächsten Internet-Café. Der ganze Spaß kostet Sie nicht mehr als einen Euro. Es gibt so viele Provider, die einem kostenlos Speicherplatz und eine Subdomain zur Verfügung stellen (zum Beispiel freenet.de, gmx.de oder hotmail.com). Sie müssen sich dazu nur online anmelden und bekommen dann Ihr Passwort per Post zugeschickt. Dann haben Sie Ihre eigene Homepage, auf die Sie auf Ihrer Visitenkarte oder auch am Telefon verweisen können.

Bei sämtlichen dieser Dienste wird Ihnen genau erklärt, wie Sie verschiedene Dateien ins Internet hochladen können. Ihre Internetadresse lautet dann zum Beispiel olivermustermann.gmxhome.de. Dies ist die billigste Variante. Ansonsten müssen Sie sich eine richtige Domain zulegen. Das heißt einen vollständigen eigenen Namen. Dieser ist vollständig frei wählbar, solange er nicht schon von jemandem reserviert ist oder Sie damit Markenrechte verletzen.

Dieses Medium wird immer wichtiger. Doch der Aufwand lohnt sich, wie die folgenden Stichpunkte zeigen:
- Haben Sie erst eine Homepage, dann brauchen Sie in vielen Fällen gar keine Bewerbungsunterlagen mehr zu verschicken.
- Sie ermöglichen Ihrem potenziellen Arbeitgeber, wesentlich schneller zu entscheiden, weil er die Unterlagen sofort hat.
- Sie bekommen eine viel schnellere Antwort.
- Wenn Sie eine Initiativbewerbung am Telefon führen und auf die Homepage verweisen, dann haben Sie fast schon das persönliche Vorstellungsgespräch. Das Gegenüber hat ein Bild von Ihnen, Ihre gesamten Unterlagen und kann sich unbeeinträchtigt von der künstlichen Situation des Vorstellungsgespräches mit Ihnen unterhalten. Das spart auch Zeit und Kosten. Erst wenn schon relativ klar ist, dass Sie eingestellt werden sollen, werden Sie noch zu einem persönlichen Gespräch geladen. Dies ist dann in der Regel nur noch Formsache. Das positive Gefühl besteht bereits.
- Haben Sie sich einmal mit dem Erstellen von Internet-Seiten befasst, fällt Ihnen dies auch in Zukunft leicht.
- Sie beweisen Ihrem Arbeitgeber/Kunden, dass Sie mit dem Medium zurechtkommen.
- Hoch effizient wird diese Art der Bewerbung, indem Sie sich mit E-Mail und Link auf Ihre eigene Homepage bewerben. Noch einfacher geht es dann schon nicht mehr. Wenn Sie dann im Internet noch einen E-Mail-Verteiler finden von Firmen, die Sie interessieren könnten, dann können Sie mit einem Mausklick Hunderte von Bewerbungen personalisiert an die Verantwortlichen als Serienmail verschicken.

- Und Sie haben wieder einmal das Gefühl, etwas Neues gelernt zu haben. Sie sind lernfähig und können dies auch sich und dem Arbeitgeber beweisen. Vielleicht entsteht ja daraus bei Ihnen noch eine ganz andere Leidenschaft, und Sie wollen gar nichts anderes mehr, als Internet-Seiten zu erstellen ...

Wenn Sie eine richtige Domain haben wollen, müssen Sie sich diese bei einem Provider wie zum Beispiel strato.de oder puretec.de kaufen. Eine Domain ist schon für einen Beitrag von unter einem Euro im Monat zu haben. Damit kann man Sie dann etwa unter www.bauingenieur-muenchen.de finden. Ihr Kunde braucht sich keine Telefonnummer oder dergleichen zu merken, sondern nur den Namen Ihrer Homepage. Auch der Weg dorthin ist nicht schwer, auf den Seiten des Providers wird Ihnen alles genau erklärt. Wenn Sie gar nicht mehr weiterkommen, gibt es dort eine Telefon-Hotline, die Ihnen je nach gewähltem Tarif auch kostenlos weiterhilft.

Und jetzt noch einmal zum Schluss: Sie können ein normales Word-Dokument im HTML-Format abspeichern. Damit haben Sie eine komplette Internetseite. Alle dazugehörenden Dateien speichert WORD automatisch in ein Verzeichnis ab. Die Seite müssen Sie noch in »index-htm« umbenennen, bevor Sie dies im Internet veröffentlichen. Auch dies ist aus WORD heraus möglich.

Treffen von Linkvereinbarungen im Internet

Wenn Sie sich erst mit dem Thema »Eigene Homepage« beschäftigt haben, geht auch noch wesentlich mehr. Sie können auf die Seiten von anderen Firmen oder Personen gehen und sich dort auf die Linkliste setzen lassen. Genauso machen Sie es mit den anderen. Sie können damit auf Weiterführendes verweisen, und genauso wird auf Sie verwiesen.

Mitarbeit in Netzwerken

Netzwerke von Gleich- oder Ähnlichgesinnten sind reine Job-, Karriere- oder Vitamin-B-Maschinen. Es lohnt sich, auf die Suche nach ihnen zu gehen. Viele dieser Communities gibt es auch im Internet. Allerdings sind die wirklich viel versprechenden die, wo man sich auch persönlich trifft. Schauen Sie sich diese Gemeinschaften einfach einmal an. Gehen Sie hin. Diese Netzwerke gibt es insbesondere auch zu Firmengründungen. Tippen Sie einfach die nächste größere Stadt und den Begriff Gründernetzwerk in die Suchmaschine google.de ein. Das dürfte Ihnen schon weiterhelfen. Es gibt die verschiedensten Organisationen, die sich mit Existenzgründungen befassen.

Wir sind gerade selbst dabei, ein solches Gründernetzwerk aufzubauen: gruenden-ohne-geld.de heißt unsere Domain. Auf diesen Seiten bekommen Sie einige Tipps und Links zur Existenzgründung. Also schauen Sie sich um. Bei uns haben sich schon sehr viele Synergien ergeben.

Persönliche Initiativbewerbung (»Klinkenputzen«)

Dies dürfte wohl die härteste Schule der Bewerbung überhaupt sein. Aber für den, der diesen Weg geht, auch die schönste Art. Sie haben sofort den Kontakt zu Ihrem Kunden beziehungsweise Ihrem zukünftigen Arbeitgeber. In der Regel wird diese Art der Bewerbung gerade in den Bereichen gern gesehen, in denen es auch um den direkten Kundenkontakt geht. Auch in den alten Handwerksbranchen gibt es kein besseres Verfahren. Oftmals brauchen Sie dazu nicht einmal einen geschriebenen Lebenslauf. Wenn Sie Ihre Unterlagen allerdings beieinander haben, sollten Sie auf jeden Fall ein paar Bewerbungsmappen und noch einige zusätzliche Lebensläufe dazu haben, wenn Sie sich auf Tour begeben. Sehr erfolgreich ist diese Prozedur insbesondere für Verkäufer. Gehen Sie durch eine Fußgängerzone, und gehen Sie in jedes Geschäft, das Sie interessieren könnte. Fragen Sie einfach, ob der Laden noch einen Verkäufer sucht. Dies geht auch sehr gut in den neuen Bundesländern. Auch dort kommt bei 20 Besuchen schon mindestens eine geringfügige Beschäftigung heraus. In München haben Sie in der Regel bei zehn Besuchen einen Treffer.

Was ist denn das Schlimmste, das Ihnen passieren kann? Eine Absage: »Wir brauchen niemanden!« – und selbst diese Absage lässt sich relativieren, wenn Sie antworten: »Schade, dass Sie momentan niemanden brauchen. Wenn Sie in Zukunft Bedarf haben sollten, auch zur Aushilfe, oder wenn plötzlich jemand krank wird, oder …, dann rufen Sie mich einfach an. Ich lasse Ihnen meinen Lebenslauf hier, da ist auch meine Mobilnummer drauf. Ich wohne nur fünf Minuten von Ihnen entfernt und kann sofort bei Ihnen einspringen.«

Das sitzt, und den Lebenslauf lassen Sie dort, weil Ihre Visitenkarte sofort auf Nimmerwiedersehen irgendwo verlegt werden würde. Ihr Lebenslauf dagegen liegt herum, und jeder gibt seinen Kommentar dazu ab. Und beim nächsten Wechsel in der Firma schlägt Ihre Stunde. Und wenn Sie in einem Monat noch einmal vorbeischauen, wird Sie in dem Laden jeder kennen. Unter Umständen werden Sie sogar darauf angesprochen, dass Sie zum Beispiel in die gleiche Schule gegangen sind. Man kennt Sie! Sie haben sich wieder einmal Vitamin B verschafft. Und das geht am Tag bestimmt 20 Mal. Vielleicht schaffen Sie auch mehr. Ist auch nicht schwer, wenn Sie erst einmal Lunte gerochen haben. Versuchen Sie es einfach.

Diese Art von Bewerbung ist auch in ganz anderen Branchen, in denen diese Vorgehensweise noch etwas vollkommen Ungewohntes ist, durchführbar. So ist es denkbar, als angehende Teamassistentin einmal durch die Bürohäuser der Umgebung zu ziehen. Sie führen dabei viele nette Gespräche, aus denen sich alles Mögliche entwickeln kann. Eventuell fällt neben dem Job auch noch eine Verabredung dabei ab …

In den neuen Bundesländern suchte ich einmal nach 50 Praktikumsplätzen für Umschüler. Einen Tag später rief mich ein Immobilienmakler zurück, ob ich nicht für ihn arbeiten wolle. Ich hätte ihm den Praktikumsplatz so gut verkauft. Er meinte, ich könnte dies genauso mit Immobilien. Also war ich nebenbei noch sechs Monate als Immobilienmakler tätig. Die 50 Praktikumsplätze hatte ich innerhalb von zwei Wochen nur durch Klinkenputzen zusammen. Ein großartiges Erfolgserlebnis!

Was Sie zum Klinkenputzen brauchen:
- Ihren Lebenslauf mit einem Foto, auf dem Sie sehr gut erkennbar sind;
- fünf Bewerbungsmappen;
- drei Äpfel zum Entspannen und für den frischen Atem zwischendurch;
- eine Mappe, in der Sie Ihre Unterlagen mit sich tragen;
- Bekleidung, in der Sie sich wohl fühlen, und bequemes Schuhwerk; selbstverständlich sollten diese der Position entsprechen, auf die Sie sich bewerben wollen.

Am Morgen sollten Sie die Nachrichten gehört haben, um damit eventuell auch noch zusätzlichen Gesprächsstoff zu haben. Und vergessen Sie nicht den Wetterbericht, es bietet sich nicht nur in England an, darüber zu reden. Durch seine Einstellung zur jeweiligen Wetterlage verrät Ihnen Ihr Gesprächspartner seine Stimmungslage: Geht's ihm gut, findet er das Wetter gut. Schimpft er über einen herrlichen Sommertag, dann geht's ihm schlecht.

Verfassen von Leserbriefen

Über irgendetwas regen Sie sich doch bestimmt auch auf. Und Sie haben auch noch einen Vorschlag, wie man es besser machen kann. Dann erzählen Sie das doch nicht nur Ihren Freunden, sondern schreiben Sie es auf, und schicken Sie es an eine Zeitung, Fachzeitschrift oder ein Nachrichtenmagazin. Wenn Ihr Leserbrief veröffentlicht wird, dann können Sie dies schon wieder Ihren Bewerbungsunterlagen beifügen. Es zeigt, dass Sie sich für eine bestimmte Sache engagieren. Jedoch sollte Ihr Engagement auch über Ihre tatsächliche Leidenschaft Auskunft geben und Ihren zukünftigen Arbeitgeber interessieren. Es kommt eben ganz darauf an, welche Stelle Sie haben wollen. Nehmen wir als Beispiel einen Verkäufer, der sich für längere Ladenöffnungszeiten in einer bestimmten Passage in seinem Heimatort stark macht und es dabei begrüßt, flexibel arbeiten zu können. Er wird in seiner anschließenden Bewerbungsrunde bei denjenigen Läden Akzeptanz finden, die dies schon lange vorhaben beziehungsweise deren Geschäfte schon länger geöffnet sind.

In einer Fachzeitschrift eine Veröffentlichung zu haben stärkt Ihr Prestige. Versuchen Sie es doch einfach einmal.

Verfassen von Artikeln für Zeitungen/Journale

Dadurch können Sie sich mit noch mehr Prestige oder Fachwissen schmücken. Eine Veröffentlichung wirkt nun einmal gut, wenn sie den Bewerbungsunterlagen beiliegt. Wenn Zeitungen beziehungsweise Zeitschriften Artikel übernehmen, dann wird auch dafür bezahlt, und zwar das übliche Zeilen- und Fotohonorar.

Ihren Artikel können Sie auch als E-Mail allen in Frage kommenden Verlagen einfach einmal anbieten. Die Wahrscheinlichkeit ist hoch, dass eine der Zeitungen Ihren Artikel abdruckt (wenn er gut ist). Selbstverständlich bekommen Sie dann auch eine Belegausgabe dieser Zeitung zugeschickt. Die E-Mail-Adressen der Zeitungsverlage finden Sie im Internet.

Schreiben eines Buches

Wenn Ihnen das Schreiben Spaß macht, dann überlegen Sie sich doch einmal, Ihre Zeit zu nutzen, um ein Buch über Ihre Leidenschaft zu schreiben. Beschreiben Sie einfach ganz genau, was Sie machen wollen. Es gibt kaum ein Thema, über das man kein Buch schreiben kann. Wenn Sie wirklich genau wissen, was Sie machen wollen, so werden Sie darüber auch sicher ein Buch schreiben können.

Dieses Schreiben hat mehrere Effekte:
- Sie machen sich über das, was Sie tun wollen, erst so richtig Gedanken. Diese Gedanken werden Sie beim Schreiben auch noch sortieren und vervollständigen müssen. Damit wird Ihnen wesentlich klarer, warum Sie genau dieses tun wollen.
- Für Ihren Kunden oder Arbeitgeber ist dies die Verfahrensanweisung, um mit Ihnen umgehen zu können. Sie beschreiben darin, was Sie tun möchten und was der Vorteil davon ist. Damit eröffnen Sie Ihrem Arbeitgeber unter Umständen ein komplett neues Geschäftsfeld, das Sie bearbeiten können. Sie haben Ihre komplette Sicht der Dinge darin verpackt. Umsetzen können dies sowieso nur Sie selbst. Wenn Sie den Arbeitgeber davon mit dem Buch überzeugen können, dann werden Sie Ihre Idee auch umsetzen!
- Sie verschaffen sich damit die Reputation, dass Sie sich in der Materie auskennen. Dies ist gerade dann interessant, wenn Sie in dem Bereich, in dem Sie arbeiten wollen, keinerlei Ausbildung haben, sondern sich das nötige Wissen nur durch verschiedene Tätigkeiten oder Selbststudium angeeignet haben.

- Sie zeigen damit, dass Sie konzentriert und zielorientiert arbeiten können.
- Selbstverständlich gehört dieses Buch dann auch zu Ihren Bewerbungsunterlagen, das Sie dementsprechend mitverschicken.

Jetzt sagen Sie doch sicher wieder: Das ist viel zu teuer, ich brauche einen Verlag, wer soll mein Buch veröffentlichen wollen?

Schön ist es natürlich, wenn ein Verlag Ihr Buch veröffentlichen will, Sie also noch Geld dafür bekommen. Das könnte tatsächlich passieren. Klopfen Sie auf jeden Fall einmal bei den Verlagen an. Aber fürs Erste machen Sie Ihr Buch erst einmal selbst. In einer Auflage von vielleicht 30 Stück. Sie drucken es zu Hause einmal aus, gehen in den nächsten Copyshop und lassen es vervielfältigen und als Buch binden. Für das Cover lassen Sie sich etwas Interessantes einfallen, und die Gestaltung des Impressums übernehmen Sie aus irgendeinem anderen Buch. Selbstverständlich geben Sie sich auch ein Copyright: © (Das bekommen Sie, indem Sie auf der Tastatur Ihres Computers ganz einfach »ALT«, »STRG« und »c« drücken. Und mehr brauchen Sie nicht, um Ihr geistiges Eigentum zu schützen.).

Die ISBN (Internationale Standardbuchnummer), die Sie sich auch selbst besorgen können, brauchen Sie, wenn Ihr Buch im Buchhandel verfügbar sein soll. Mit dieser Nummer sind Sie dann Ihr eigener Verlag, und Ihr Werk kann auf der ganzen Welt bestellt werden.

Persönliche Durchführung von Meinungsumfragen

Sie wollen sämtliche Personalchefs Ihrer Branche kennen lernen? Dann machen Sie bei diesen doch einfach eine Meinungsumfrage. Vereinbaren Sie vorher einen Termin, oder gehen Sie einfach persönlich hin. Einen Termin bekommen Sie zum Beispiel mit folgender Aussage: »Ich schreibe zurzeit einen Artikel, den ich dem ›Handelsblatt‹ anbieten will, mit dem Thema: ›Die wirtschaftliche Situation in der xy-Branche und die Auswirkungen auf den Arbeitsmarkt.‹ Grundlage dieses Artikels ist die Befragung von Personalverantwortlichen 20 ausgewählter Firmen. Dazu zählen Sie!«

Nun legen Sie sich einen Fragebogen zurecht, in den Sie alle Fragen packen, die Sie speziell interessieren. Diese Fragen können lauten:
- Wie schätzen Sie die wirtschaftliche Entwicklung Ihrer Firma in der nahen Zukunft ein?
- Werden Sie in absehbarer Zukunft eher Personal einstellen oder abbauen?
- In welchem Bereich werden Sie noch zusätzliches Personal brauchen?

Selbstverständlich werden Sie bei dem Interview mit dem Personalverantwortlichen die Sprache auf sich selbst bringen.

Und was hindert Sie zu sagen, dass Sie gerne auch in dem Unternehmen arbeiten würden, da Sie schon so viel Gutes davon gehört haben. Erklären Sie, dass Sie zurzeit freiberuflich als Journalist und als Unternehmensberater tätig sind. So kann sich jeder nennen. Und solange Sie keine Umsätze haben, brauchen Sie auch keine Anmeldung beim Finanzamt.

Auch wenn heute in dem Unternehmen nichts frei ist, haben Sie dort jetzt einen neuen Bekannten, den Sie jederzeit wieder anrufen können. Wenn Sie dann alle Personalchefs interviewt haben, können Sie wirklich einen Artikel darüber schreiben. Diesen können Sie wiederum verschiedenen Redaktionen anbieten. Wenn er dann irgendwo abgedruckt ist, können Sie damit sämtliche Gesprächspartner noch einmal besuchen und sich für die Zusammenarbeit bedanken. Wenn dann immer noch nichts für Sie herauskommt, haben Sie wenigstens so viel Vitamin B gewonnen, dass sich bei genügender Pflege der neuen Kontakte sicher innerhalb der nächsten sechs Monate die Perspektive für eine neue Tätigkeit ergibt.

Socializing

Lernen Sie Leute aus dem Umkreis kennen, in den Sie einsteigen wollen. Sie fragen sich jetzt, wie das funktionieren soll? Überlegen Sie: Zu welchem Event treffen sich die Menschen, die Sie kennen lernen wollen? Dabei ist es wichtig zu wissen, wo welche Veranstaltung stattfindet und wer dort sein wird.

Anfangen kann man mit öffentlichen Terminen oder mit Einladungen, die man erhalten hat. Dann müssen Sie nur noch dafür sorgen, dass es Ihnen dabei selbst gut geht, Sie sich in Ihrer Kleidung wohl fühlen und offen für Gespräche sind. Bei einer Ausstellung oder Eröffnung kommt man auch gut miteinander ins Gespräch.

Wichtig dabei sind die passenden Visitenkarten. Daraus muss ganz klar hervorgehen, was Sie machen wollen.

Wenn Sie nun mit jemandem ins Gespräch gekommen sind, interessieren Sie sich doch für den Gesprächspartner. Jeder Mensch erzählt gerne von sich. Also hören Sie dem anderen einfach zu. Wenn Sie dann eine Idee für ihn haben, eine Information oder dergleichen, gibt es einen Grund, den anderen nach seiner Telefonnummer zu fragen, damit man ihm die Information auch übermitteln kann.

Es gibt Menschen, die nur auf Partys gehen, damit sie hinterher angeben können, wie viele Visitenkarten sie bekommen haben. Das kann auch zum Spiel werden. Und wenn man einmal Anschluss gefunden hat, ergibt ein Termin den nächsten. Man muss dann nur darauf achten, sich sein Ziel vor Augen zu halten und nicht nur von einer Party zur nächsten zu hüpfen. Aber Sie lernen jede Menge Menschen mit ähnlichen Interessen kennen und können sich die Personen aussuchen, die Ihnen etwas bringen. Auch hier ist das Wichtigste der Beginn. Haben Sie einmal angefangen, kommt häufig wieder der Zufall zu Hilfe, und Sie knüpfen weitere Beziehungen.

Ergattern von Empfehlungen

Eigentlich kein eigenes Kapitel und dennoch ein Kapitel für sich. Da finden die tollsten Gespräche statt, und man macht sie sich nicht wirklich zunutze. Obwohl man nur die Hand danach ausstrecken müsste.

Stellen Sie sich vor, Sie waren auf irgendeiner Veranstaltung oder haben eine Initiativbewerbung vorgenommen oder haben zufällig jemanden kennen gelernt. Aber herausgekommen ist für Sie nichts.

Dabei geht es einfach darum, sich selbst ins Spiel zu bringen und aus einem positiven Kontakt möglichst viele Tipps herauszuholen. Meist lassen sich direkte Fragen umgehen, indem man durchblicken lässt, man sei auf der Suche. Ein solches »Ich bin auf der Suche nach …« führt bei jedem normalen Menschen zu der instinkthaften Reaktion: Der andere ist hilflos; wenn ich ihm helfe, wird er mich achten.

Nutzen Sie diese Tatsache für sich. Sie brauchen sich dazu nur vorzustellen, dass Sie dem anderen ermöglichen, ein gutes Werk zu tun. Wenn er Ihnen helfen kann, dann geht es ihm gut. Also tun Sie etwas Gutes, indem Sie jemand anderem ermöglichen, etwas Gutes zu tun!

Ihnen geht es doch auch gut, wenn Sie jemandem etwas Gutes tun können. Oder?

So, wenn Sie den ersten Schritt gewagt haben, dann ist es nicht mehr schwer, auch den zweiten Schritt zu gehen. Es handelt sich darum, sich jetzt auch wirklich die Empfehlung Ihres Gesprächspartners zu sichern. Und dies geht mit Formulierungen wie:»Vielen Dank für den Tipp, ich richte einen schönen Gruß von Ihnen aus.« Auf diese Aussage werden Sie sich höchstwahrscheinlich auch kein Nein einfangen.

Damit können Sie bei der empfohlenen Person gleich wieder auf der Vitamin-B-Beziehungsebene arbeiten. Die empfohlene Person will jetzt plötzlich ihrem Bekannten helfen und nicht mehr Ihnen allein als Unbekanntem. Deshalb wird sie auch alle ihre Gehirnwindungen anstrengen, um Ihnen helfen zu können. Sie brauchen es nur anzunehmen.

Zu guter Letzt werden Sie mit einer Liste von Empfehlungen wieder gehen, denen Sie folgen können. Damit ist die ekelhafte Zeit der Kaltakquisition endgültig vorbei. Sie hangeln sich von Empfehlung zu Empfehlung. Von Vitamin B zu Vitamin B. Von Freund zu Freund.

Besuch von Veranstaltungen der verschiedensten Art

Gehen Sie dorthin, wo für Sie die Entscheidungsträger sitzen. Gerade in der heutigen Zeit freut sich jede politische Partei über einen weiteren Interessenten. Sie werden, wenn Sie das erste Mal auf eine Veranstaltung eines Ortsverbandes gehen, sofort angesprochen. Sie lernen an einem Abend einen Großteil der Aktiven eines Ortsverbandes kennen, und wenn Ihnen dort jemand helfen kann, wird dies auch getan. Sie sollen ja als Mitglied geworben werden, also tut hier jeder alles, damit Sie wiederkommen. Nutzen Sie das. Es muss nicht Ihre Partei sein, Sie können sich einfach dafür interessieren.

Auch andere Initiativen, Netzwerke und Verbände können interessant sein. Überlegen Sie, wer für Sie in Frage kommt. Es gibt die verschiedensten Möglichkeiten.

Studium von Fachzeitschriften, Internetrecherche

In Fachzeitschriften und im Internet bekommen Sie viele Informationen über Ihre Branche und die neuen Trends. Gerade wenn Sie irgendwo neu einsteigen wollen oder lange draußen waren, ist es sinnvoll, sich über die neuesten Entwicklungen auf dem Laufenden zu halten.

Auch lassen sich damit neue Trends gleich direkt aufgreifen und mit eigenen Ideen bereichern, um so zu einer noch besseren Problemlösung zu finden. Oft werden in den Artikeln auch direkte Ansprechpartner genannt, die man zu der einen oder anderen Frage kontaktieren kann.

Damit entsteht wieder neues Vitamin B. Bei vielen Bewerbungen ist es schon hilfreich, wenn man im Gespräch sagen kann, ich habe bereits mit Herrn Soundso gesprochen.

Permanente persönliche Weiterbildung

Was wissen Sie noch nicht? Wo können Sie noch besser werden? Was wollen Sie noch wissen?

Jetzt höre ich doch gleich wieder das Kostenargument. Haben Sie sich schon einmal danach erkundigt, was Seminare von Stiftungen der politischen Parteien kosten? Sie werden staunen, wie günstig diese sind: So gibt es Wochenendseminare zu Rhetorik mit Hotel und Vollverpflegung für unter 75 Euro, in der Regel mit sehr guten Referenten. Das geht, weil diese Stiftungen von der Bundeszentrale für politische Bildung massiv unterstützt werden. Also wagen Sie sich vor, und besorgen Sie sich die Veranstaltungskalender. Entweder

Sie gehen über das Internet, oder Sie fragen bei den einzelnen Parteien nach. Eine Geschäftsstelle ist sicher auch für Sie zuständig.

Auch die Seminare der Volkshochschulen sind nicht uninteressant und in der Regel noch bezahlbar.

Bei allen freiwilligen Weiterbildungsveranstaltungen haben Sie es immer mit interessierten Menschen zu tun, die meist auch berufstätig sind. Es ist erstaunlich, dass die Menschen, die einen Job haben, auch hier am aktivsten sind. Also können Sie wieder jede Menge Beziehungen knüpfen. Bei all diesen Kursen unterhält man sich nebenbei und lernt den Großteil der anderen kennen, insbesondere bei mehrtägigen Veranstaltungen in einem Tagungshaus.

Mithilfe bei Veranstaltungen

Sämtliche große Veranstaltungen, Kongresse und Seminare brauchen zusätzliches Personal, das der Veranstalter in der Regel nur für diesen Anlass rekrutiert. Folglich braucht man den Veranstalter nur eine gewisse Zeit vor der jeweiligen Veranstaltung zu kontaktieren und seine Mitarbeit bei der Vorbereitung und Durchführung anzubieten. So interessierte es mich, einmal bei einem Powertag von Jürgen Höller in der Olympiahalle in München dabei zu sein. Die reine Teilnahme hätte günstigstenfalls 99 Mark gekostet. Als Helfer habe ich 300 Mark verdient. Hinzu kam, dass man als Helfer wesentlich bessere Chancen hatte, sich mit den Referenten zu unterhalten. So kam ich während des Tages sowohl mit Höller als auch mit Erich Lejeune und weiteren Referenten ins Gespräch. Als Resultat ergab sich, dass mich Höllers Motivations AG gerne als Mitarbeiter gewonnen hätte und mich noch Monate nach der Veranstaltung immer wieder kontaktierte. Ich wollte mich jedoch weiter um das Projekt des Vermittlungs-Coachings kümmern.

Also überlegen Sie, welche Kongresse, Messen und Seminare für Sie interessant sind, und bieten Sie dort Ihre Mitarbeit an. Vergessen Sie nicht, dies dem Arbeitsamt mitzuteilen, sofern Sie von der Bundesanstalt Leistungen beziehen.

Sie können dann jeden ansprechen. Sie sind ja Kollegen und ziehen an einem Strang. Und Sie lernen die Menschen ganz anders kennen. Besonders interessant sind dabei mehrtägige Veranstaltungen in einer Tagungseinrichtung. Dort haben Sie in der Regel abends ausgiebig Zeit, Socializing zu betreiben. Sie benötigen nur eine Unmenge an Visitenkarten. Dabei ist es natürlich gut, wenn Sie darauf auch Ihre eigene Homepage angeben können.

Anbieten von Aushilfstätigkeiten

Es ist schon klar, Sie suchen eine feste Stelle bei Ihrem Traumarbeitgeber. Wenn der nun aber zurzeit diese Stelle nicht hat oder noch nicht weiß, dass er Sie brauchen kann, dann kann er Sie auch noch nicht einstellen. Also muss es Ihnen gelingen, den Fuß in die Tür zu bekommen. Und dies gelingt wesentlich einfacher mit dem Angebot, als Aushilfe zu arbeiten. Sagen Sie dem potenziellen Arbeitgeber doch einfach, dass Sie sofort einspringen können, wenn einmal »Not am Mann« ist. Er braucht Sie einfach nur kurz anzurufen, Sie sind sofort zur Stelle.

Ein solches Angebot fasst jeder Arbeitgeber positiv auf. Jetzt brauchen Sie nur noch Ihren Lebenslauf zu hinterlegen. Wenn Sie dies bei ein paar Arbeitgebern machen, dauert es in der Regel nicht mehr lange, bis Sie den ersten Anruf bekommen, ob Sie nicht am nächsten Samstag kurz aushelfen können.

Wenn Sie dann Ihr Können unter Beweis stellen, werden Sie bald die nächste freie Stelle bekommen. Oder der Arbeitgeber merkt, dass er mit Ihnen noch dieses oder jenes zusätzlich machen kann. Wenn Sie dem Arbeitgeber auch noch einen Lohnkostenzuschuss vom Arbeitsamt anbieten können, wird er kaum mehr Nein sagen können.

Gewerbeschein oder freiberufliche Tätigkeit

In immer mehr Branchen arbeiten die Arbeitgeber mit freiberuflichen Mitarbeitern oder Subunternehmern zusammen. So haben sich manche Abteilungen schon fast ganz aufgelöst. Den früheren klassischen Außendienstmitarbeiter gibt es kaum mehr. Die Firmen unterhalten nur noch das Key-Account-Management bei sich, der Rest wird an freie Handelsvertreter vergeben. Wer nun in diesen Bereich hineinwill, dem bleibt schon fast nichts anderes mehr übrig, als auf diesen Zug aufzuspringen. Dann braucht man eben den eigenen Gewerbeschein. Der ist einfach zu bekommen, in der Regel innerhalb von zehn Minuten bei Ihrer Kommunalverwaltung für unter 50 Euro. Damit können Sie sich freier Handelsvertreter nennen. Macht sich doch auch auf der Visitenkarte gut, und für den Lebenslauf ist das immerhin schon besser als nichts. Als Freiberufler brauchen Sie nicht einmal den Gewerbeschein, nur die Anmeldung beim Finanzamt. Damit können Sie Aufträge annehmen, von wem Sie wollen. So können

Sie zum Beispiel im Büroservice für Kleinunternehmen die gesamte Verwaltung erledigen und dies zum großen Teil von zu Hause aus. Am Anfang müssen Sie sich vielleicht erst selbst in dieses Metier einarbeiten. Dies ist jedoch Ihre Zeit, mit der Sie den Arbeitgeber nicht belasten. Daher werden Sie wesentlich eher in diesen für Sie neuen Bereich einsteigen können.

Im Arbeitsamt wird dieser langsame Beginn einer Selbstständigkeit nur als Nebenverdienst gesehen, soweit Sie dabei unter 15 Stunden in der Woche arbeiten und weniger als 325 Euro im Monat Gewinn erwirtschaften. Unter dieser Summe zu bleiben dürfte am Anfang nicht schwer fallen, da Sie sich sicherlich mit dem ersten verdienten Geld noch einiges an Büroausstattung anschaffen werden. Erst wenn Sie wirklich Geld verdienen, werden Sie sich beim Arbeitsamt abmelden oder den Antrag auf Überbrückungsgeld zur Aufnahme einer selbstständigen Existenz stellen.

Praktikum

Wenn Sie etwas machen wollen, in das Sie sich erst noch einarbeiten müssen, dann bieten Sie dem Arbeitgeber ein kostenloses Praktikum bis zu einer Dauer von 12 Wochen an. Dies gilt, wenn Sie arbeitslos sind, als betriebliche Trainingsmaßnahme. Sie bekommen in dieser Zeit weiterhin die Leistungen von der Bundesanstalt für Arbeit. Dazu zahlt Ihnen die Bundesanstalt auch noch die Fahrtkosten zur Praktikumsstelle. Ein solches Praktikum ist übrigens innerhalb der ganzen EU, den Nachbarstaaten und den assoziierten Staaten der EU möglich. In der Regel wird es von der Bundesanstalt immer genehmigt.

Sie können sich in das neue Aufgabenfeld einarbeiten, sich Ihrem Arbeitgeber beweisen oder einfach nur Erfahrungen sammeln, um sich später bei einer anderen Firma bewerben zu können.

In den letzten zehn Jahren meiner Tätigkeit mit Arbeit Suchenden war ein Praktikum das wirkungsvollste Mittel, um vom Schreibtisch aus Arbeit Suchende zu vermitteln. Und bei sicherlich mehr als 70 Prozent der Praktikumsplätze führte dies auch hinterher zur Übernahme in ein Beschäftigungsverhältnis, obwohl viele Arbeitgeber zu Beginn äußerten, sie würden die Person nicht übernehmen. Von der Planung bis zum Ende des Praktikums vergeht ein halbes Jahr, und innerhalb dieser Zeitspanne rührt sich an der Personalfront eines Unternehmens immer etwas. Und einen guten Mitarbeiter will man auch nicht ziehen lassen. Also, es lohnt sich!

Sollte es mit dem Arbeitsplatz bei diesem Unternehmen doch nicht klappen, dann steht zumindest in Ihrem Lebenslauf, dass Sie diese Tätigkeit bereits gemacht haben. Damit bewerben Sie sich bei der Konkurrenz wesentlich leichter. Und Sie haben einige Zeit schon genau das getan, was Sie immer tun wollten.

Anbieten von Hausaufgabenhilfe bei Kindern der Entscheidungsträger

Diese Überschrift soll nur die Denkrichtung anzeigen. Wenn Sie etwas Bestimmtes wollen, dann müssen Sie es auch ansprechen können. Wie komme ich an die Person heran, die darüber entscheidet, ob etwas in einem Unternehmen neu gemacht wird oder nicht? Angenommen, Sie haben eine sehr gute Idee, wie eine Firma mit ihren Innovationen in neue Märkte vorstoßen kann. Dazu bedarf es jedoch eines längeren Gesprächs, um die oberste Leitung der Firma langsam darauf vorzubereiten. Doch wie an diese leitende Person herankommen? Dafür lohnt sich unter Umständen auch ein solcher Umweg. Doch es gibt hier viele Möglichkeiten. Ich will Ihnen nur zeigen, dass man eventuell auch einmal größere Umwege gehen muss, wenn einen wirklich die Leidenschaft seiner Berufung gepackt hat. Es bleibt aber der Grundsatz: Ich biete nichts an, was ich nicht machen will.

Mitgliedschaft in Sportvereinen

Kommt natürlich nur in Frage, wenn Ihnen selbst dieser Sport auch liegt. Ob Tennis, Golf oder Reiten, es handelt sich um eine hervorragende Gelegenheit, neue Leute kennen zu lernen. Vielleicht bietet der Sportverein sogar eine Ermäßigung für Arbeitslose an? Wenn das offiziell nicht geht, kann man trotzdem nachfragen, ob sich nicht in der Zeit, in der man noch Arbeit suchend ist, etwas machen lässt. Oft gibt es einen Ausweg. Und wenn Sie im Sportverein mithelfen? Ehrenamtlich? Noch besser. Damit steigt Ihr Status doch wesentlich. Jetzt kommen Sie gleich ganz anders an die Leute heran. Erzählen Sie zum Beispiel, dass Sie leidenschaftlicher Tennisspieler sind, aber in der Arbeitslosigkeit aufgehört haben, weil Sie das Geld nicht haben, und jetzt lieber hier im Verein mithelfen, damit Sie Ihrem Hobby wieder nachgehen können. Sie haben das Nichtstun satt. Damit sind Sie sofort anerkannt. Jeder in dieser Abteilung wird Sie über Job-Angebote informieren, von denen er gehört hat. Und alle diese Angebote bekommen Sie mit Empfehlungen, also mit guten

Chancens, die Jobs auch zu erhalten. Aber schauen Sie sich genau an, worauf Sie sich einlassen, es muss ja in Richtung Ihres Traumjobs gehen.

Veranstaltung von Klassentreffen

In welchen Schulen waren Sie? Oder welche Kurse haben Sie hinterher besucht? Wäre doch an der Zeit, dass man sich wieder einmal trifft. Diese Treffen entstehen immer dann, wenn sich einer oder mehrere diese Frage stellen. Also können Sie das auch. Es kann sich durchaus um die Gruppe handeln, mit der Sie vor zehn Jahren eine Zusatzausbildung abgeschlossen haben. Versuchen Sie, an die Adressen zu kommen, und bitten Sie auch die anderen um Adressen. Dann laden Sie zu einem Termin in ungefähr drei Monaten ein. Sie reservieren dazu einen Nebenraum in einem Gasthof.

Schon im Vorfeld werden Sie viele Gespräche mit früheren Leidensgenossen führen und auch ausführlich über Ihre neue berufliche Vision reden können. Und siehe da, der Zufall will, dass ...

Es funktioniert immer wieder, Sie brauchen sich nur aufzuraffen. Keine schlechte Idee, oder? Und die Kosten? Vielleicht 25 Euro Porto und noch einmal das Gleiche für Telefongespräche. Das können Sie beim Klassentreffen wieder einsammeln. Jeder hat Verständnis dafür, dass Sie Ihre Unkosten wieder hereinhaben müssen.

Planung der Werbeaktivitäten

Selbstverständlich muss die Bewerbungsstrategie genauso geplant werden wie eine Produkteinführung im Marketing auch. Es geht nun um Ihren Marketingplan in Sachen eigene Arbeitskraft.

Sie haben bereits Ihr Produkt (Tätigkeitswunsch) ausführlich beschrieben. Anhand dieses Produktes haben Sie die Zielgruppe (Traumarbeitgeber) und eine Bedürfnisanalyse der Zielgruppe erarbeitet. Danach haben Sie ausführlich dargestellt, wo Ihr Produkt genau die Bedürfnisse der Zielgruppe erfüllt.

Ferner haben Sie sich Gedanken darüber gemacht, mit welchen Marketingmethoden Sie den Arbeitgeber ansprechen wollen. In diesem Abschnitt geht es nun um die Auswahl der richtigen Mittel und das Aufstellen eines Fahrplans.

Dieser kann nie allgemein gültig sein. Für Sie geht es darum, so nachhaltig zu überzeugen, dass der Kunde bei Ihnen kauft, dass er den Vertrag unterschreibt. Mit anderen Worten: Sie müssen sich überlegen, und das ist Ihre wichtigste Aufgabe, wie Sie dem Kunden Ihrer Arbeitskraft klar machen, dass Sie dessen Probleme optimal lösen können. Wenn er Sie einkauft, dann hat er sich etwas Gutes getan. Halten Sie sich dieses Bild permanent vor Augen, wenn Sie mit Ihrem Marketing beginnen. Sie sind der Wohltäter und wollen Gutes tun. Sie sind kein Bittsteller, sondern Sie sind Problemlöser. Mit diesem Bewusstsein treten Sie dem Kunden und Arbeitgeber gegenüber auf. Dieses Bewusstsein haben Sie aus der Gegenüberstellung der Bedürfnisse des Arbeitgebers und Ihren Antworten, wo Sie diese Bedürfnisse bereits erfüllt haben, erlangt.

Wenn Sie das nötige Gefühl nicht in den Bauch kriegen, lesen Sie sich diese Gegenüberstellung immer wieder durch, bis Sie überzeugt sind. Wenn es dann immer noch nicht klappt, haben Sie bei der Bedürfnisanalyse gemogelt. Also blättern Sie noch einmal dorthin zurück. Lokalisieren Sie Ihr noch unangenehmes Gefühl im Bauch. Dahinter steckt sicher noch ein unerfülltes Bedürfnis eines Arbeitgebers. Also ergänzen Sie sofort Ihre entsprechende Liste. Und dann dürfen Sie sich natürlich auf der rechten Seite auch noch etwas einfallen lassen. Lesen Sie mit diesem Buch erst weiter, wenn Sie sich diese Arbeit gemacht haben.

Nun verfügen Sie über genügend Selbstbewusstsein, und mehr brauchen Sie auch nicht. Es ist das Wichtigste an der ganzen Sache. Man kann es sich erarbeiten, bis es tatsächlich da ist. Aber Sie können es nicht vortäuschen. Kein Mensch glaubt einem künstlichen Cheese-Gesicht. Nur ein echtes Lächeln gibt dem anderen ein Gefühl wahrer Akzeptanz. Sie können und sollen nichts spielen, sondern müssen im Bewerbungsverfahren nur Sie selber sein.

Sie brauchen kein Bewerbungstraining, in dem Sie nur lernen, wie Sie sich verstellen. Daran verdienen nur die Trainer, und Sie haben hinterher das Gefühl, dass Sie alles falsch machen. Dementsprechend angstbeladen werden Sie ins nächste Vorstellungsgespräch gehen.

Also bieten Sie Ihr ganzes Selbstbewusstsein auf, und Sie werden sich ganz natürlich als Problemlöser mit einem

Planung der Werbeaktivitäten

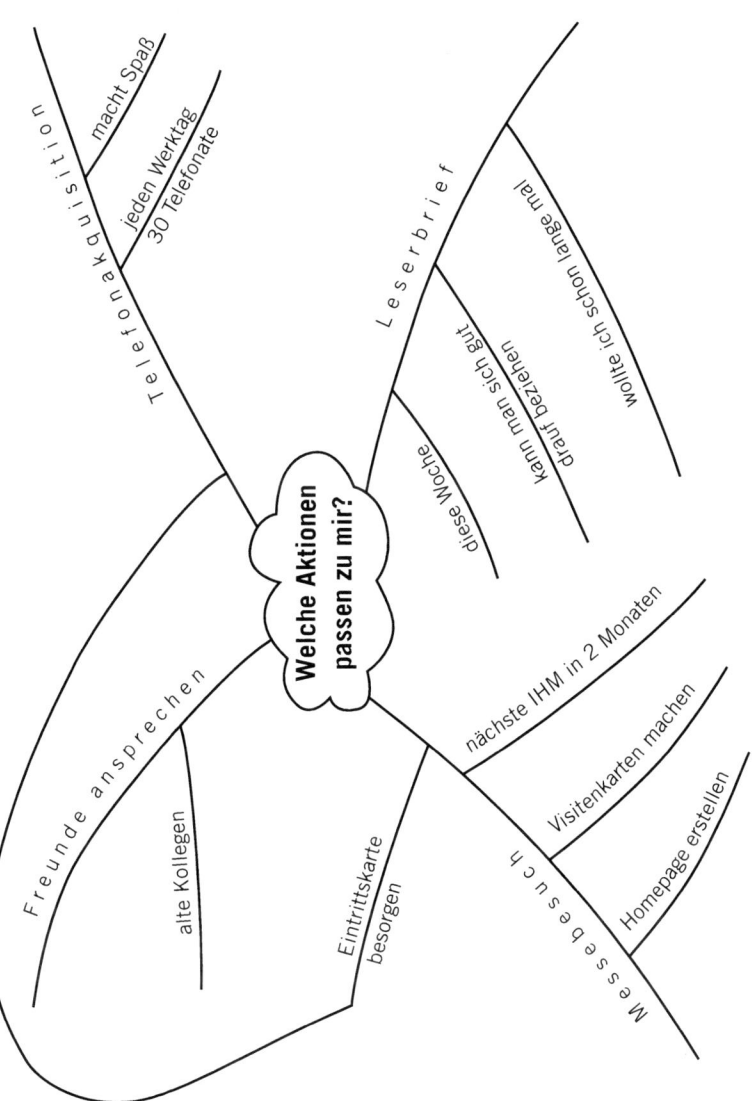

Freund unterhalten, dem Sie ein tolles Angebot zu machen haben.

Was mache ich wann?

Was tun Sie nun als Erstes? Darüber entscheiden folgende Faktoren:
- Wie erreiche ich meine Zielgruppe am besten?
- Mit welcher Aktion kann ich sie am effizientesten ansprechen (finanziell und unter Zeitaspekten)?
- Welche Aktion passt zu mir? Wobei fühle ich mich am wohlsten?
- Womit erreiche ich die Aufmerksamkeit, die ich brauche, damit meine Bewerbung nachhaltig wahrgenommen wird?
- Welche Aktionen kann ich nacheinander durchführen, um die Nachhaltigkeit zu erhöhen (in der Werbesprache wird hier von »Penetration« gesprochen)?

Zu jeder dieser Fragen lohnt es sich, zuerst ein Mind-Map anzufertigen. Sie gestalten sich damit Ihre »Gehirnlandkarte«.

Entwerfen Sie dazu einen Plan, in dem Sie alle Bewerbungsaktivitäten und Ergebnisse aufführen können. Es entsteht eine Tabelle mit den folgenden Feldern (s. Seite 129):

Dieses Blatt richten Sie sich entweder in einer Tabellenform am PC oder auf einem DIN-A3-Blatt ein. Am PC ist dies natürlich wesentlich praktischer, da Sie dann die ganzen Angaben wie Adresse und so weiter gleich in einem serienbrieffähigen Format abspeichern können. Damit wird das schriftliche Nachfassen ein Kinderspiel. Es ist wichtig, dass Sie nun wirklich alle Aktivitäten notieren. Auch die kleinste Information kann

Planung der Werbeaktivitäten

Firma	Kontaktiert am/mit:	Ergebnis:	Nächste Aktion am/mit: Welche?	Ergebnis	Nächste Aktion	Ergebnis
Erich Mustermann, Dachpappe, Hauptstr. 59, 82547 Graubeuren, Tel.: 08876-43576	14.6.2002 Initiativbewerbung	?	21.6.2002 anrufen	Gesprochen mit Herrn Däumlinger, Personalsachbearbeiter, brauchen zzt. niemanden. Kann sein, dass sie in der Urlaubszeit kurzfristig jemanden brauchen. Habe Telefonnummer hinterlassen und werde noch mal in 4 Wochen anrufen.	21.7. anrufen	Kann ab dem 1.8. bis 30.8 im Versand aushelfen. Eventuell wird zum Jahresende eine Stelle frei.

in Zukunft wieder wichtig werden. Dies können Nebensächlichkeiten sein wie zum Beispiel, dass der Personalchef Fan vom TSV 1860 München ist. Dann werden Sie sich vielleicht nicht sofort als Bayern-Fan outen ...

Notieren Sie sich wirklich alles. Sie glauben gar nicht, wie vergesslich Sie sein können. Sie meinen, dass Sie sich alles ohne weiteres merken können, aber in zwei Wochen, nachdem Sie mit 200 Firmen telefoniert haben, haben Sie keine Ahnung mehr, was Sie mit wem vereinbart haben.

Wenn Sie beim Arbeitsamt gemeldet sind, sind Sie nun auch in Bezug auf das neue Job-AQTIV-Gesetz auf der sicheren Seite. Ihre Dokumentation hält sämtlichen Überprüfungen durch den schärfsten Arbeitsvermittler stand. Wenn Sie noch eine Spalte einfügen, können Sie im Nachhinein alle Bewerbungskosten festhalten und beim Arbeitsamt zurückfordern. Dazu brauchen Sie nur einmal beim Arbeitsamt einen Antrag auf Erstattung der Bewerbungskosten zu stellen. Wenn Sie genügend Ausgaben zusammenhaben, holen Sie sich das Geld mit Ihrer Aufstellung wieder zurück.

Welche Abfolge Sie nun für Ihre Bewerbungsaktivitäten wählen, bleibt weitgehend Ihnen überlassen. Dafür gibt es keine festen Regeln. Am besten versetzen Sie sich in die Position Ihres Kunden und überlegen, was wann passen könnte. Sie müssen so bekannt sein, dass das Unternehmen vor Ausschreibung einer offenen Stelle Sie fragt, ob *Sie* diese Stelle haben wollen. Dies ist Ihre Ziellatte!

Sie merken wieder, Traumarbeitsplatzsuche ist ein Knochenjob. Aber ohne Fleiß kein Preis. Und deshalb sollten Sie sich auch einen Zeitplan machen. Was mache ich wann? Gut ist es, sich die Woche fest einzuteilen. Gerade in der Arbeitslosigkeit bekommt man von außen keine Leistungsanforderungen gesetzt, dies führt ganz schnell zu Lethargie. Alles wird einem zu viel, man schafft nichts mehr. So beginnen die Symptome, die sich dann in der Langzeitarbeitslosigkeit bis zur Depression steigern können. Dem können Sie einfach vorbeugen, indem Sie sich selbst wirkliche Ziele setzen. Für jede Woche machen Sie sich einen Plan. Und Sie legen auch Ihr tägliches Pensum fest, das Sie zur Suche beziehungsweise zum Lernen aufbringen wollen. Aber überschreiten Sie dabei nicht die Sechzig-Stunden-Woche. Sie brauchen auch Erholungsphasen. Sonst starten Sie mit einem Burn-out-Syndrom in Ihren neuen Job. Ich habe schon Menschen kennen gelernt, die sich in der Woche 100 Stunden um Ihre Arbeitsplatzsuche gekümmert haben, und dies jahrelang. Nur leider immer nach dem gleichen untauglichen Muster.

Auch ein Arbeit Suchender braucht geplante Freizeit

Nachdem Sie nun eine Woche intensiv gearbeitet haben, sollten Sie sich auch etwas gönnen. Auch das sollten Sie eine Woche vorher planen. Ihr Vorteil liegt darin, dass Sie sich Ihre Arbeitszeit relativ frei einteilen können. Am Ende der Woche schauen Sie nach, ob Sie Ihr Pensum erfüllt haben, dann folgt die Belohnung. Wenn Sie sich selbst schlecht disziplinieren können, dann findet sich sicher ein Bekannter, der das für Sie übernimmt und dem Sie Rechenschaft ablegen können. Oder Sie nehmen die Dienstleister der Bundesanstalt für Arbeit dafür in Anspruch (sie werden ja schließlich dafür bezahlt).

Die Bewerbungsunterlagen

Der Lebenslauf

Dieses Blatt ist das Wichtigste in Ihren ganzen Bewerbungsunterlagen. Es stellt Sie bestenfalls komplett dar. Dieses Blatt Papier muss schon fast nach Ihnen riechen. Sie müssen aus diesem Papier so lebendig hervorgehen, dass man meint, Sie sitzen direkt vor einem.

Zielgruppenorientierung muss sein

Auf einem Blatt steht alles, was Sie Ihrem Traumarbeitgeber von sich erzählen wollen. Eine Selbstverständlichkeit ist es, dass ein Farbfoto von Ihnen dazugehört. Ihr Foto sagt grundsätzlich mehr aus als der geschriebene Rest. Vergessen Sie, dass Einstellungen rational erfolgen. Entschieden wird nach Sympathie und nach fast nichts anderem. Wenn Ihr Lebenslauf nicht sympathisch auf Ihren Traumarbeitgeber wirkt, dann wird das nichts. Also lautet die grundsätzliche Überlegung: Was von meiner Person könnte den Traumarbeitgeber interessieren? Wenn Sie verschiedene Traumarbeitgeber definiert haben, dann müssen Sie für jeden wieder einen anderen Lebenslauf erstellen. Dieser ist Ihre Werbung, und Werbung verläuft immer zielgruppenorientiert. Alle großen Marken wie Cola-Cola oder McDonald's erstellen für jede Zielgruppe eigene Werbekampagnen.

Also muss auch Ihr Lebenslauf genau auf Ihre Zielgruppe ausgerichtet sein. Sie heben das hervor, was Ihren Traumarbeitgeber interessiert, und minimieren die Seiten, die ihn nicht interessieren.

Die Form

Es gibt keine Formvorschriften für den Lebenslauf. Es hat sich nur alles Mögliche eingebürgert, und es gibt die DIN-Norm für den kaufmännischen Schriftverkehr. Daran sollte man sich ungefähr halten. Das heißt jedoch nicht, dass der Seitenrand auf den Millimeter genau stimmen muss. Keiner misst das nach, wenn die Proportionen gewahrt bleiben.

Suchen Sie sich zunächst eine Schriftart aus, die zu Ihnen passt und die Sie für den ganzen Lebenslauf beibehalten. Dieses Dokument zeigt auch, dass Sie effizient arbeiten können, daher sollten Sie Spielereien mit den Schriftarten vermeiden. Sie können allerdings mit zwei, allerhöchstens drei Schriftgrößen arbeiten. Fett- und Kursivschrift bieten sich auch an, Unterstreichungen sollten Sie vermeiden.

Verwenden Sie die Tab-Taste, um bei Einrückungen immer gleiche Abstände zu bekommen, oder schreiben Sie den gesamten Lebenslauf gleich in Form einer Tabelle. Keinesfalls sollten Sie für Abstände die normale Leertaste verwenden, damit bekommen Sie nie eine einheitliche Linie im späteren Ausdruck.

Die Gliederung

Um Platz zu sparen, sollten Sie sich in der Kopfzeile einen Briefkopf gestalten. Diesen können Sie bei allen Ihren Schreiben verwenden. Ihre komplette Adresse mit Telefonnummer ist dann immer schon angegeben. Darauf gehe ich im Abschnitt »Bewerbungsanschreiben« noch genauer ein.

Ein Lebenslauf sollte sehr übersichtlich aufgebaut sein. Das fängt mit der Überschrift an. Hier brauchen Sie in der Regel das Wort »Lebenslauf« gar nicht mehr. Schreiben Sie doch als Überschrift das, was Sie machen wollen beziehungsweise was Sie sind. Unter Umständen bietet sich auch an, den Begriff des Arbeitgebers zu verwenden. Wenn dieser eine Team-Assistentin sucht, dann steht auf dem Lebenslauf als Überschrift auch Team-Assistentin und nicht Sekretärin.

Bei der Gliederung richten Sie sich nach dem Motto: Das Wichtigste zuerst. Das heißt, Sie gehen in der Regel vom Aktuellen zum am wenigsten Aktuellen zurück. Ihren zukünftigen Arbeitgeber interessiert es nicht, ob Ihre Eltern Schornsteinfeger waren, sondern woher Sie die Fähigkeit besitzen, die geforderten Tätigkeiten auszuführen. Und das interessiert ihn am meisten. Daher nennen Sie es als Erstes. Das kann Ihre zuletzt ausgeübte Tätigkeit sein, Ihre Ausbildung oder sogar Ihre Weiterbildung. Sie gliedern also nun den Lebenslauf so, dass Sie die wichtigsten Informationen zuerst nennen können.

Als Überschriften stehen Ihnen zur Verfügung:
- Berufserfahrung (Arbeiten im Beruf)
- Beruflicher Werdegang (wenn Sie Ihre Qualifikation aus Ihren Tätigkeiten beziehen)

- Weitere Tätigkeiten (wenn Sie neben Ihrem Beruf andere Dinge gemacht haben)
- Selbstständigkeit (wenn Sie einen Teil Ihrer Karriere eigener Unternehmer waren)
- Freiberufliches Engagement (nur teilweise freiberufliche Karriere)
- Ausbildung (kann auch die Schulbildung enthalten)
- Schulbildung (nur als Extra-Kapitel, wenn Sie die Ausbildung ziemlich weit oben positioniert haben)
- Weiterbildung
- Sonstiges (ehrenamtliches Engagement, Abzeichen usw.)
- Besondere Kenntnisse (Sprachen, Führerscheine, EDV-Kenntnisse)
- Persönliche Interessen

Dies sind nur mögliche Überschriften. Meistens kommt man mit diesen Vorschlägen aus. Sollte Ihnen noch ein besserer Titel für einen Teil Ihres Lebens einfallen, dann erlauben Sie sich, diesen auch zu verwenden.

Es kommt nur darauf an, dass Sie Ihren Traumarbeitgeber oder Auftraggeber von sich überzeugen. Also präsentieren sie ihm die für *ihn* wichtigsten Daten zuerst. Und tun Sie es so, dass es einer logischen Form entspricht. Innerhalb der einzelnen Kapitel sollten Sie jedoch die zeitliche Reihenfolge einhalten. Das heißt, das, was Sie zuletzt gemacht haben, kommt in der Regel zuerst. Es gibt jedoch auch davon Ausnahmen: wenn Sie die für eine Bewerbung wichtigste Tätigkeit nicht zuletzt ausgeführt haben. Dann werden Sie diese direkt nach der Überschrift anführen.

Inhalte des Lebenslaufs

Halten Sie sich an eine Aufzählungsform, die Sie durchgängig für den gesamten Lebenslauf verwenden. Was Sie zuerst nennen, hängt davon ab, was in Ihrem Fall aussagekräftiger ist: die Firma oder die Tätigkeit. So könnte dann ein Eintrag wie folgt aussehen:

1987–1995 Wunschlos AG, München
Key-Account-Manager

Einstweilen kann es bei diesem Punkt bleiben. Wenn Sie jedoch in dieser Firma schon vor acht Jahren waren und Sie beweisen wollen, dass Sie dort sehr gut verkauft und selbstständig gearbeitet haben – gerade wenn Sie hinterher keine vergleichbare Position mehr hatten, weil Sie zum Beispiel als Hausmann sich der Erziehung der Kinder gewidmet haben –, dann können Sie noch weitere Fakten auffahren:

1987–1995 Wunschlos AG, München
Key-Account-Manager
Führung von zehn Außendienstmitarbeitern
Umsatzsteigerung 1992 bis 1995 von 60 Prozent
Verantwortliche Umstrukturierung des Außendienstes
Vorstandsmitglied von 1990 bis 1995
Mitarbeit bei der Designentwicklung
Selbstständige Messevorbereitung und Durchführung mit Etatverantwortung

Das Ganze ließe sich nun noch weiter ausbreiten, wenn es sich um Ihre einzige Tätigkeit in den letzten 20 Jahren handelt. Dann füllen Sie diese für den Traumarbeitgeber mit Details. Die Auswahl liegt bei Ihnen.

Überqualifizierung

Gerade wenn Sie in Ihrem Leben schon viele verschiedene Tätigkeiten ausgeübt oder eine hohe Ausbildung absolviert haben, droht immer das Damokles-Schwert der Überqualifizierung. Dem können Sie unter Umständen schon allein dadurch entgehen, dass Sie diesen Eindruck gar nicht erst entstehen lassen. Dann heißt es eben etwas tiefstapeln. In diesem Fall wäre sicherlich die erste Variante von oben vorzuziehen. Eventuell könnten Sie von sich sogar nur noch als Außendienstmitarbeiter sprechen, wenn das die Tätigkeit ist, in die Sie nun wieder hinwollen. Oder Sie lassen Ihre Vorstandsmitgliedschaft einfach weg. Überlegen Sie einfach, wie das, was Sie gemacht haben, bei Ihrem Traumarbeitgeber am besten ankommt.

Sie brauchen in diesem Fall auch nicht jedes Seminar aufzuzählen, an dem Sie teilgenommen haben. Lassen Sie solche Dinge einfach weg. Gestalten Sie Ihren Lebenslauf ganz kurz und nüchtern.

Sollten Sie eine Promotion in einem für Ihren Traumarbeitgeber nicht relevanten Gebiet haben, machen Sie im Lebenslauf klar, dass Sie sich dieser Tatsache bewusst sind.

In der Regel taucht das Problem der Überqualifizierung dann auf, wenn Sie etwas ganz anderes machen wollen als vorher. Akzentuieren Sie die Tätigkeiten, die Sie für das Neue qualifizieren. Suchen Sie unter den ausgeführten Tätigkeiten die aus, die Sie nun brauchen können, und ergänzen Sie diese bei Bedarf mit Qualifikationen aus dem Privatleben.

Thema lückenloser Lebenslauf

Viel entscheidender als ein lückenloser Lebenslauf ist, dass Ihr Lebenslauf das Gefühl vermittelt: Sie sind für diese Tätigkeit geeignet! Vergessen Sie, dass eine neue Stelle rational besetzt wird. Es geschieht mit dem Bauch. Und dorthin müssen Sie zielen.

Und wenn noch so viele Bedenkenträger etwas anderes behaupten: Wer dann wirklich Ihren Lebenslauf lückenlos haben will, der soll eben nachrechnen. Die Jahreszahlen haben Sie ja angegeben. Wenn der Arbeitgeber will, kann er eins und eins zusammenzählen. Das tun allerdings mittlerweile die wenigsten. Wenn Sie also Lücken haben, dann sind sie eben da. Wenn sie mit nichts zu überdecken sind, dann lassen Sie es eben. Aber schreiben Sie um Himmels willen nicht, dass Sie in der Zeit von 1997 bis 1999 arbeitslos waren. Das heißt ganz einfach: Sie sind ein Verlierer. Arbeitslosigkeit ist ein Makel. Sie werden sich damit noch 500 Mal die Stirn anschlagen. Also bleibt die Lücke. Wenn Sie sie nicht ausführlich benennen, wird sie längst nicht so groß ausfallen. Da Sie ausschließlich Jahreszahlen verwenden, wird das Jahr 1997 wahrscheinlich noch mit einer anderen Tätigkeit ausgefüllt sein. Bleiben noch die Jahre 1998 und 1999. Dann strengen Sie sich mal an. Irgendetwas beruflich Verwertbares (für die neue Berufung, versteht sich) werden Sie doch gemacht haben. Und sei es nur ein eintägiges Seminar oder eine Aushilfstätigkeit, etwa bei Bekannten. Damit können Sie im Lebenslauf die Jahre benennen. Und die Lücke ist geschlossen.

Bernd Mustermann

Corneliusstr. 29, 80334 München, Tel.: 089 / 32 56 34, E-Mail: bernd.mustermann@Comundo.de

Profil
geboren am 1. März 1945 in Wiesbaden

Bild

Beruflicher Werdegang

1993 – 2000	Geschäftsführer und Inhaber bei Fruchtgroßhandel Weinmann GmbH, München
1982 – 1992	Bezirksleiter / Außendienst bei Firma ATG-Teile, München
1972 – 1982	Techn. Angestellter (Einkauf / Verkauf) bei Firma Daimler (SIEMENS), München
1965 – 1972	Techn. Angestellter (Einkauf / Verkauf) bei Firma SIEMENS, Berlin
1962 – 1965	Techn. Angestellter (Einkauf / Verkauf) bei Firma SIEMENS, Mannheim
1962 – 2000	Berufsbegleitende Weiterbildung im technisch-kaufmännischen Bereich, verbunden mit entsprechenden Praktika. Diese Lehrgänge wurden intern und extern bei den Firmen SIEMENS und ATG-Teile absolviert.

Schulbildung
1951 – 1959   Hauptschule in Darmstadt

Berufsausbildung
1959 – 1962   Techn. Kaufmann bei Firma SIEMENS, Mainz

Wehrdienst
1968– 1970   Feldjäger-Kaserne, München

Interessen   Fotografieren, Radsport
(Deutscher Meister 1962 und 1963)

Betrug, sagen Sie? Aber nicht doch. Sie sagen nur, was Sie 1998 und 1999 tatsächlich gemacht haben. Eine Bescheinigung darüber liegt ja auch den Bewerbungsunterlagen bei. Oder haben Sie bei einer Werbung von Coca-Cola schon gesehen, dass diese auf die negativen Folgen des Zuckers in dem Getränk aufmerksam macht? Betrug? Also, was Coca-Cola darf, dürfen Sie auch!

Ich habe als Arbeitgeber einmal eine Gruppenleiterin für ein Jugendhilfeprojekt gesucht. Es bewarb sich eine Frau, die Kindergärtnerin war, aber wie im obigen Beispiel praktisch auch etwa zweieinhalb Jahre arbeitslos. Sie fügte in ihren Lebenslauf ein, dass sie im Jahr 1998 einen »Workshop für Aerobic-Trainerinnen« absolviert hatte. Die Bescheinigung des Veranstalters lag dabei: Es handelte sich um eine eintägige Weiterbildung. Obwohl ich dieses Spiel durchschaut hatte, blieb sie in meinen Augen trotzdem diejenige, die sich traut, sich vor eine Gruppe hinzustellen und mit einer Gruppe zu arbeiten. Sie stach damit aus allen anderen Bewerbungen hervor. Bei mir blieb kein Gefühl des Betrugs.

Eindeutigkeit

Alles im Lebenslauf muss so exakt angegeben sein, dass es vom Arbeitgeber im Zweifelsfall überprüft werden könnte. Es geht jedoch nicht darum, dass der Arbeitgeber dies tut, sondern darum, dass Sie Vertrauen gewinnen. Und Vertrauen entsteht einfach durch Fakten. Das heißt etwa bei der Angabe eines Unternehmens, dass dieses eindeutig zuzuordnen sein muss.

Persönliche Interessen

Gerade wenn Sie Ihren bisherigen beruflichen Weg verlassen wollen, weil Sie etwas ganz anderes reizt, werden Sie wahrscheinlich Ihr relevantes Fachwissen, zumindest aber Ihre Motivation, aus dem privaten Bereich rekrutieren.

So könnten Sie zum Beispiel Ihr berufliches Leben der letzten 20 Jahre als Sachbearbeiter im Versicherungsbereich beschreiben. Daneben befassen Sie sich seit gut zehn Jahren mit alternativen Heilmethoden. Seit drei Jahren machen Sie abends eine Ausbildung zum Heilpraktiker. Diese haben Sie erst nächstes Jahr abgeschlossen. Nun wird Ihnen klar, dass Sie Ihre Arbeit nicht mehr befriedigt. Sie kommen mit dem Chef und den Kollegen nicht mehr zurecht. Sie wollen eine neue Stelle. Allerdings sollte es schon in den neuen Bereich hineingehen. Also was tun? Wenn Sie sich dazu entschließen sollten, jetzt schon einmal im alternativen Bereich in der Verwaltung zu arbeiten, dann wird Ihre Ausbildung, die Sie nebenher absolvieren, sehr wichtig. Sie zeigen damit, welchen Stallgeruch Sie haben.

Aber auch anderes kann man aus den persönlichen Interessen herauslesen. So haben sportliche Leidenschaften immer etwas mit Gesundheit, Ausdauer und Belastbarkeit zu tun. Sie sollten nur bedenken, welche Ihrer Sportarten für den Arbeitgeber interessant sein könnten. Wandern, Radfahren oder Schwimmen kommen immer gut an. Extremsportarten gehen bei verschiedenen Berufen beziehungsweise Arbeitgebern auch sehr gut. Wenn Ihnen Ihr Hobby, zum Beispiel Frontman im American Football, wichtig ist, sollten Sie auch einen Arbeitgeber suchen, der das gut findet. Sind Sie dann

Ingeborg Burger
Hausstraße 47
80346 München
Tel.: 089 – 23 34 50
E-Mail: i.burger@web.de

Bild

Mitarbeit im Buchhandel

geboren am 12. Januar 1958

Schulbildung/Berufsausbildung
1978	Abitur in Eichstätt
1980 – 1984	Studium der Germanistik und Romanistik
	Schwerpunkte: Neuere Deutsche Literatur, Mittelhochdeutsch
	an der LMU München ohne Abschluss
1990	Stadtführerseminar beim Institut Bavaricum
1991 – 1993	Ausbildung zur Diätassistentin an der Berufsfachschule für
	Diätetik in München
	Kneippseminar im Fernstudium mit Praktika
	in Bad Wörishofen
Seit 2002	Teilnahme am EDV-Kurs beim Institut für Personaltraining und
	Beratung in München

Berufliche Tätigkeiten
1978 – 2002	Privater Nachhilfeunterricht in Französisch bis 7. Klasse
1993 – 1995	Diätassistentin in verschiedenen Münchner Kliniken
1995	Kantinenkassenkraft
1995 – 2002	Nebenberufliche Selbstständigkeit als Ernährungsberaterin
1998 – 1999	Köchin und Backwarenverkäuferin, Café am Bayer, München
1999 -	Küchenhilfe in Groß- und Kleinküchen
1999 –2002	Alternative Stadtführungen
	• Alte Häuser, Große Namen
	• Den Hexen auf der Spur

Hobbys   Lesen, lesen, lesen: Belletristik, Werke über Geschichte,
Psychologie, Kunst usw.
Reisen: insbesondere Frankreich
Hobbymalerei, Kino und Theater, italienische und französische
Küche, Ökologie, Tiere, Pflanzen, Kinder (aber keine eigenen!)

an einem Montag krank, weil Sie die letzte Kopfnuss eines Gegenspielers noch verdauen müssen, ist das kein Problem. (Ich hatte einmal einen Teilnehmer, der American Football spielte und sich als Maurervorarbeiter beworben hatte. Er ging zu den Arbeitgebern, erzählte von seinem Sport und sagte, der Job sei nur Training für ihn. Wenn er eingestellt würde, wolle er bei einem Einfamilienhaus auf der Baustelle keinen Kran sehen. Er müsse ja schließlich etwas zu tun haben.)

Aber auch länger zurückliegende sportliche Erfolge zeigen noch, dass Sie bereit sind, für etwas zu kämpfen. Auch ein 55-Jähriger sollte einen deutschen Meistertitel aus seiner Jugend erwähnen.

Das Bewerbungsfoto

Es gehört bei den meisten Bewerbungen einfach auf den Lebenslauf, und zwar in der Regel oben rechts. Mittlerweile sind die Digitalkameras und Farbprinter so gut, dass Sie auf diesem Weg das Foto direkt auf das Papier bringen sollten. Das zeigt, dass Sie auf der Höhe der Zeit sind und mit den neuen Medien zurechtkommen. Sie können es beliebig oft ausdrucken, vergrößern, verkleinern, bearbeiten und auch als E-Mail verschicken oder auf Ihrer Homepage veröffentlichen.

Mittlerweile gibt es auch genügend Fotostudios, die Sie digital fotografieren und Ihnen Ihr Foto gespeichert auf einer Diskette oder CD überlassen. Diese Variante ist in der Regel auch die kostengünstigere.

Dieses Foto fügen Sie nun als Positionsrahmen in Ihren Lebenslauf ein. Allerdings machen Sie den Rahmen hinterher unsichtbar, damit es nicht wie ein Beerdigungsfoto aussieht. Auf dem Foto sollten Ihre Augen klar erkennbar sein. Entscheidend ist Ihr Gesicht. Lassen Sie auch andere Personen auswählen, welches Ihr bestes Bild ist, selbst sucht man meist nicht das Positivste aus. Viele Menschen sehen sich selbst anders, als sie von anderen gesehen werden.

Das Bewerbungsanschreiben

Grundsätzlich geht es bei der schriftlichen Bewerbung immer darum, Ihren Kunden beziehungsweise Arbeitgeber für sich zu interessieren. Egal, ob Sie nun einen kleinen Handzettel gestalten, eine Anzeige entwerfen oder ein Bewerbungsanschreiben erstellen, die Vorarbeiten haben Sie mit der Bedürfnisanalyse und deren Bewertung schon durchgeführt.

Mit Ihrer Antwort auf das größte Bedürfnis Ihres Arbeitgebers beginnen Sie nun Ihre Werbung. Damit treffen Sie den Arbeitgeber punktgenau.
 Sie fallen mit der Tür ins Haus. Keine Einleitung, sondern sofort die erste Bedürfnisbefriedigung. Dann die zweite Bedürfnisbefriedigung, die dritte und eventuell noch die vierte. Dann noch ein Schlusssatz, wie zum Beispiel: »Ich freue mich auf die Einladung zum Vorstellungsgespräch«, und Sie sind fertig.

Schreiben Sie alles erst einmal runter. Ob Sie schon die beste Formulierung gefunden haben, können Sie hinterher entscheiden. Auch hier zählt: Just do it! (Mach es einfach!)

Ingeborg Burger

Hausstraße 47, 80346 München, Tel.: 089 – 23 34 50, E-Mail: i.burger@web.de

Stadtteilbibliothek »NAME«
»STRASSE«

»PLZ« »ORT«

Bewerbung als Bibliotheksmitarbeiterin in der Stadtteilbibliothek ...

Sehr geehrte Damen und Herren,

seit Jahren zieht es mich mit treuer Regelmäßigkeit in die städtischen Bibliotheken.

Daher nun die Überlegung: Warum nicht gleich dort arbeiten?

Es bereitet mir große Freude, mit all den Büchern umzugehen und natürlich auch mit allen anderen Literaturfans. Hätte ich in meinem Germanistikstudium nur mit Büchern zu tun gehabt, dann hätte ich es sicher abgeschlossen. So ist mir allerdings die Liebe zu den Büchern geblieben.

Als kinderliebe Hobbymalerin kann ich mir auch gut vorstellen, einige originelle Aktionen mit auf die Beine zu stellen.

Ich freue mich, wenn bei Ihnen eine Stelle frei ist oder demnächst frei wird. Wenn dem nicht so ist, so behalten Sie meine Bewerbung. So können Sie auf mich jederzeit zurückgreifen, wenn bei Ihnen der Bedarf entstehen sollte. Ich bin auch bereit, mich bei Ihnen mit einem für Sie kostenlosen Praktikum einzuarbeiten. Auch als Aushilfe fange ich gerne bei Ihnen an. Vielleicht ergibt sich daraus auch die Möglichkeit, in einer anderen Stadtteilbibliothek weiterzuarbeiten.

Zurzeit frische ich meine EDV-Kenntnisse auf, so dass ich auch in dieser Hinsicht gerüstet bin. Diese Weiterbildung beende ich sofort, falls sich bei Ihnen eine Möglichkeit für mich ergibt.

Zu einem Vorstellungsgespräch (auch unverbindlich) komme ich gerne vorbei. Telefonisch erreichen Sie mich tagsüber zurzeit unter der Nummer: 089 – 34 46 45 45.

Mit freundlichen Grüßen

Der Briefkopf

Dieser muss nur ein einziges Mal erstellt werden. Sie können ihn dann für jedes Schreiben verwenden. Wenn Sie Microsoft WORD verwenden, dann schreiben Sie den Briefkopf komplett in die Kopf- oder Fußzeile, somit erscheint Ihr Name auf jeder neuen Seite.

Gehen Sie bei der Gestaltung von einem Firmenbriefkopf aus. Wollen Sie Ihre gesamten Daten rechts haben, so klicken Sie die Taste »rechtsbündig« in der Menüleiste an und wieder »linksbündig«, wenn der Briefkopf fertig ist. Bei Ihrem Namen können Sie mit den Schriftarten und Farben spielen, oder Sie können auch eine Grafik mit Ihren Initialen einfügen. Das Layout muss zu Ihnen und zu Ihrem Wunscharbeitgeber passen.

Inhalt des Briefkopfs

Auf jeden Fall Name und Adresse. Ihre Berufsbezeichnung können Sie zusätzlich am oberen rechten Rand einfügen. Auch Ihre Telefonnummer gehört auf den Briefkopf, und zwar in folgender DIN-Form: +49 – 89 – 34 34 56 9 für eine internationale Bewerbung und 089 – 34 34 56 9 für eine nationale. Das sind die einzigen gültigen Normen, um Telefonnummern zu schreiben.

Wenn Sie das Datum im Briefkopf einfügen, dann hat auch das nur in der DIN-Form zu erfolgen. Falsch ist zum Beispiel 21.12.02, richtig wäre 02-12-21. Das hat das Deutsche Institut für Normung festgelegt. Die einzige weitere anerkannte Alternative lautet: 21. Dezember 2002.

Ferner können Sie in Ihrem Briefkopf Ihre E-Mail-Adresse beziehungsweise Domain angeben, wenn Sie eine haben. Bewerben Sie sich als Freiberufler, ist auch Ihre Bankverbindung hier am richtigen Platz. Dies klingt bei Privatpersonen noch ein bisschen komisch, aber warum denn nicht?

Was auf keinen Fall fehlen darf, ist Ihre Handynummer. Ihr potenzieller Arbeitgeber will Sie persönlich sprechen, und wenn er Sie nicht sofort erreicht, ruft er den nächsten an. Er hat jetzt das Problem und will nicht warten. Wenn Sie ihn warten lassen, haben Sie Pech gehabt.

Ferner können Sie noch ein Absenderfeld einfügen, das bei Klarsichtfenstern Ihre Adresse zeigt. Damit sparen Sie sich das Schreiben der Absenderadresse.

Der Inhalt

Eine komplette Bewerbung an eine Firma wird persönlich an den Empfänger adressiert:

Wunschlos AG
Personalabteilung
Herrn Joseph Winter
Postfach 3435

83456 Gurkenbach

Dann kommt als Nächstes die Betreffzeile. Das Wort Betreff wird seit den Endsiebzigern nicht mehr geschrieben. Sie schreiben zum Beispiel:

Bewerbung als Schreibkraft; unser heutiges Telefongespräch

Wenn Ihr Betreff nicht in eine Zeile passt, ist das kein Beinbruch. Er kann bis zu drei Zeilen lang sein.

Dann geht es weiter mit der Anrede und dem eigentlichen Text:

Sehr geehrter Herr Winter,

bei der Firma Oberseriös war ich drei Jahre als Schreibkraft tätig. Unser Vorgesetzter Herr Soundso legte sehr viel Wert auf die korrekte Umsetzung der Rechtschreibreform. Da ich zuvor schon einen Kurs dazu belegt hatte, wurde ich von meinen Kollegen immer dazu befragt. Es machte mir Spaß, dann auch sämtliche Zweifelsfragen zu klären.

Somit hätten Sie einen Anfang, wenn das größte Bedürfnis des Arbeitgebers die Sicherheit in der neuen Rechtschreibung wäre.

Jetzt noch drei Sätze dazu, und fertig ist das Ganze. Bis auf den Schlusssatz. Und hier freuen Sie sich schon jetzt auf eine Zusammenarbeit oder auf ein Gespräch. Oder fragen gleich an, wann Sie denn vorbeikommen können.

Die Form

Das Bewerbungsanschreiben sollte in der Regel nicht länger als eine Seite sein. Sie können, wenn der Platz nicht reicht, auf den Verweis von Anlagen verzichten. Schreiben Sie in kurzen, einfachen Sätzen. Es handelt sich um Werbung, und Werbung bringt die Dinge auf den Punkt. Gliedern Sie das Anschreiben sauber in Absätze, und achten Sie insgesamt auf ein übersichtliches Layout.

Eine gute Möglichkeit zum Auflockern sind Punktaufzählungen in der Mitte des Textes mit durchgeführten Tätigkeiten, zum Beispiel:

Bei der Firma ÜBERALL arbeitete ich als Teamassistentin. Die Schwerpunkte meiner Tätigkeit lagen auf:
- Annehmen und Weitergeben von Telefongesprächen in englischer, deutscher und spanischer Sprache
- Terminplanung der Geschäftsführung
- Bearbeitung von Reklamationen
- Empfang von oftmals mehrsprachigen Kunden unserer Partnerunternehmen aus den USA und Südamerika.

Bewerbung als Problemlöser und nicht als Bittsteller!

Schreiben Sie im Indikativ, also in der Ist-Form.

Formulierungen wie »Ich könnte mir vorstellen ...« zeigen nur, dass Sie nicht überzeugt von sich sind. Stattdessen stellen Sie sich real vor, wie Sie bestimmte Tätigkeiten in der Firma ausfüllen, und stellen das im Bewerbungsanschreiben dar. Sie wollen ja nicht als Bittsteller, sondern als Problemlöser in der Firma anfangen. Also lassen Sie Ihre Unsicherheiten hinter sich und werden nicht schon beim Zuschicken der Bewerbungsunterlagen zum Problemfall.

Wenn der Arbeitgeber von Ihnen im Bewerbungsanschreiben eine Aussage fordert, so haben Sie diese auch zu leisten. Ansonsten können Sie sich das Abschicken gleich sparen. Insbesondere wenn der Arbeitgeber um eine Angabe Ihrer Gehaltswünsche bittet, dann hat von Ihnen eine Zahl zu kommen. Der Arbeitgeber rechnet mit der Nennung des gewünschten Bruttolohns.

Sie können mit Ihrem letzten Lohn argumentieren oder auch einen Lohnsprung nach der Probezeit vereinbaren. Wenn Sie zuletzt mehr verdient haben als das, was Sie jetzt erwarten, dann begründen Sie, warum Sie damit zufrieden sind.

Lassen Sie das Bewerbungsanschreiben und den Lebenslauf, bevor Sie die Bewerbung abschicken, mindestens von einer Person durchlesen. Dieses Schreiben muss zu 100 Prozent fehlerfrei sein. Hier ein Fehler heißt: So schlampig arbeite ich auch. Diese Schriftstücke sind Ihre Arbeitsprobe. Also ziehen Sie sämtliche Register.

Unterschreiben Sie das Bewerbungsanschreiben am besten mit einem Füller. Wenn Sie keinen haben, dann nehmen Sie wenigstens einen Faserschreiber, bloß keinen Kugelschreiber. Viele Unternehmen schauen sich die Unterschrift ganz genau an. Daher sollte die Unterschrift auch in entspanntem Zustand geleistet werden und nicht zwischen Tür und Angel.

Setzen Sie sich zum Unterschreiben an einen sauberen Platz. Sie brauchen eine gute Unterlage (es tut auch eine Zeitung), beide Arme haben bis zum Ellbogen auf dem Tisch aufzuliegen. Strecken Sie sich, und schütteln Sie Ihre Hände aus. Dann nehmen Sie den Füller in die Hand, probieren ihn auf einem Extra-Blatt und unterschreiben das Anschreiben.

Das Zusammenstellen der Bewerbungsunterlagen

Die komplette Bewerbungsunterlage muss sehr gut aussehen und sehr effizient gestaltet sein. Sieht sie jedoch zu teuer aus, dann wird man glauben, dass Sie hinterher auch dementsprechend uneffizient arbeiten. Aus diesem Dilemma muss nun ein Ausweg gefunden werden.

Die beste Variante ist meistens die folgende:
- Sie kaufen einfache Klemmschienen, die es in verschiedenen Farben und Stärken gibt. Wenn Sie gleich 100 Stück kaufen, dann kostet eine nur noch 10 bis 20 Cent.
- Für die Deckblätter nehmen Sie die günstigsten Transparentfolien für den Tageslichtprojektor. Ein Karton kostet ungefähr 10 Euro.
- Für die Rückseite kaufen Sie einen 160-Gramm-Karton, der zu Ihnen, Ihrer Firma und zur Klemmschiene passt. Die gibt es meist in Paketen zu 250 Stück, die um die 10 Euro kosten.
- Nehmen Sie sich auch noch ein 100er-Paket weiße Briefumschläge Größe C 4 mit Fenster mit. So sind Sie mit insgesamt 50 Euro für die nächsten 100 Bewerbungen gerüstet. Und Sie haben Quittungen, die Sie beim Arbeitsamt vorlegen können.

Jede Diskussion über das Wiederverwenden von Bewerbungsmappen kann entfallen. Eine Mappe wird nur verschickt, wenn sie vollkommen frisch aussieht. Sobald diese auch nur die leisesten Gebrauchsspuren aufweist, wird sie nicht mehr verwendet. Keiner will abgegriffene Ware! (Beobachten Sie sich doch einmal selbst im Supermarkt, Sie nehmen auch nur die besten Verpackungen, wenn Sie die Möglichkeit dazu haben. Genauso macht es der Arbeitgeber mit Ihrer Bewerbung.)

Mit der Klemmschienentechnik können Sie die Unterlagen immer wieder neu zusammenbauen. In der Regel braucht man immer eine neue Deckfolie, einen neuen Lebenslauf und einen Rückkarton. Die anderen Kopien und die Klemmschiene lassen sich meist mehrmals verwenden. Aber grundsätzlich ist es wesentlich besser, wenn der Arbeitgeber die Bewerbungsunterlagen behält. Es kann ja sein, dass er in Zukunft noch einmal jemanden braucht, dann hat er Ihre Unterlagen gleich zur Hand. Ist doch viel vernünftiger, als Ihnen alles wieder zurückzuschicken. Oder?

Die einfachen billigen Schnellhefter sollten Sie jedoch keinesfalls verwenden, sie sehen nach nichts aus. Auch die richtig teuren Bewerbungsmappen sind meist nicht nötig. Nur in Ausnahmefällen kann dies sinnvoll sein, zum Beispiel, wenn Ihr Lebenslauf einfach nicht auf eine Seite passt. Dann sollten Sie sich für eine Mappe entscheiden, die man beim ersten Aufschlagen mit einer Seite rechts und links bestücken kann. So erfasst man Ihr gesamtes Leben inklusive Bild auf einen Blick.

Bei der Zusammenstellung der Unterlagen halten Sie sich an die gleiche Reihenfolge wie im Lebenslauf: das Wichtigste zuerst!

Das Bewerbungsanschreiben wird nicht mit abgeheftet. Es ist das kaufmännische Begleitschreiben zur »Ware« Bewerbungsunterlagen. Das Anschreiben bleibt in jedem Fall in der jeweiligen Firma, Sie ersparen es also dem Unternehmen, dass Ihre Bewerbung zerlegt werden muss.

Wenn Sie mit dem weißen C4-Fensterkuvert arbeiten, brauchen Sie die Anschrift des Empfängers nicht mehr zusätzlich auf den Umschlag zu schreiben. Ihre Bewerbung sieht so einfach perfekt aus. Besonders wichtig ist dies, wenn Sie eine furchtbare Handschrift haben. Auch auf die Briefmarke sollten Sie achten. Es gibt bei den Postämtern immer Sondermarken. Nehmen Sie immer die größten beziehungsweise die, deren Farbe zu Ihnen passt.

Das Abschicken der Unterlagen

Das Verschicken der Bewerbungsunterlagen ist immer nur die zweitbeste Alternative. Viel besser ist es, diese persönlich beim Entscheidungsträger abzugeben. Die Wahrscheinlichkeit liegt so bei ungefähr 50 Prozent, gleich ein Bewerbungsgespräch an Ort und Stelle führen zu können. Und das lohnt sich auch bei einem Umweg von 50 Kilometern. Sie gehen einfach in die Firma hinein und sagen: »Ich will kurz Frau Soundso etwas geben. Wo kann ich sie finden?« Wenn Sie dann bei ihr sind, gehen Sie auf die Dame zu, sehen ihr in die Augen und geben ihr die Hand. Nach der Begrüßung sagen Sie: »Ich war gerade auf dem Weg nach ... und da habe ich mir gedacht, ich gebe die Unterlagen gleich selbst ab. Dann bin ich mir sicher, dass die Unterlagen auch im gleichen Zustand ankommen, wie ich sie abgeschickt habe.« Nun brauchen Sie nur noch darauf zu warten, wie die Dame reagiert. Sie können dann das Gespräch einfach weiterführen, zum Beispiel erzählen, dass Sie die Stelle stark interessiert. Sie haben doch noch die rechte Seite der Bedürfnisanalyse im Kopf, oder? Wenn nicht, dann sollten Sie sich die schleunigst noch einmal durchlesen. Sie wollen doch schließlich die Probleme der Firma lösen. Das können Sie nun beweisen. Ihr Auftritt!

Das persönliche Vorstellungsgespräch

Was kann ich tun, damit ich mich selbstbewusst vorstelle? Das Großartigste ist es, die geistige Leistung zu vollbringen und die Überzeugung zu gewinnen, dass ich dem Gegenüber etwas Gutes tue und er mein Freund ist. Wenn Sie dieses Buch dementsprechend durchgearbeitet haben, dann ist dies einfach und die logische Konsequenz.

Mit diesem Gefühl stelle ich mich vor, und darauf kann ich mich vorbereiten. Damit die erste Begegnung zum Erfolg wird.

Motto: Lernen Sie Ihren neuen Freund kennen!

Sie gehen die Bedürfnisanalyse und den beruflichen Interessentest noch einmal ausführlich durch. Ferner ist es gut, wenn Sie sich Gedanken über Fragestellungen des Arbeitgebers machen. Ich will Ihnen dazu einen kurzen Fragenkatalog vorstellen.

1. Was interessiert Sie besonders an der ausgeschriebenen Stelle?

Die Antwort ergibt sich aus dem beruflichen Interessentest: die Tätigkeit, welcher Sie die meisten Punkte gegeben haben.

2. Warum eignen gerade Sie sich besonders für diese Aufgabe? Welche persönlichen und beruflichen Qualitäten bringen Sie speziell für diese Aufgabe mit?
Die Antworten hierzu finden Sie in der Bedürfnisanalyse.

3. Haben Sie besondere Fähigkeiten, die nicht direkt mit der Aufgabe zu tun haben, aber trotzdem dafür von Bedeutung sein könnten?
Auch wieder Bedürfnisanalyse.

4. Warum wollen Sie eine neue Aufgabe? Was gefällt Ihnen an Ihrer jetzigen Tätigkeit?
Die Antwort ergibt sich aus der Bedürfnisanalyse.

5. Was machen Sie überhaupt nicht gern?
Überlegen Sie doch, was Sie in einem früheren Job machen mussten, das hier nicht gefordert ist. Auch wieder die Bedürfnisanalyse anschauen.

6. Arbeiten Sie lieber allein oder lieber im Team? Und warum?
Beschreibung des Traumarbeitsplatzes und Bedürfnisanalyse.

7. Sind Sie mobil? Könnten Sie zum Beispiel morgen in der Schweiz und übermorgen in England arbeiten?
Treffen Sie eine Entscheidung für sich!

8. Welche konkreten beruflichen Ziele haben Sie für die kommenden fünf Jahre?
Schauen Sie sich Ihre Vision an!

9. Welches Jahresgehalt möchten Sie jetzt und welches in fünf Jahren?

Diese Fragen müssen Sie für sich jetzt und hier beantworten. Es hat keinen Sinn, ohne eine Antwort auf diese Frage in ein Vorstellungsgespräch zu gehen.

10. Was motiviert Sie an der Arbeit am meisten? Was ist für Sie besonders wichtig, damit Sie mit dem Beruf/Ihrer Aufgabe zufrieden sind?

Der Tag vor dem Vorstellungsgespräch

Am Tag zuvor geht die konkrete Vorbereitung los.

- **Bekleidungswahl**
  Ihre Bekleidung legen Sie sich schon am Tag zuvor zurecht. Solange, bis Sie sich sicher sind, dass die Bekleidung passt und Sie sich darin wohl fühlen. Tragen Sie die Bekleidung, welche in der Branche bei einem Vorstellungsgespräch üblich ist. Es braucht absolut nicht alles neu zu sein. Wenn Sie nur neue Sachen anziehen, wirken Sie nicht echt. Schuhe zum Beispiel dürfen sehr wohl schon Gebrauchsspuren aufweisen. Aber frisch geputzt müssen sie sein. Die Farben der Bekleidung müssen zu Ihnen und zur Firma passen. Hat die Firma eine ausgeprägte Corporate Identity? Dann sollten Sie auf jeden Fall in diesen Farben auftreten.

- **Haare**
  Ist Ihr Haarschnitt noch frisch? Wenn nicht, dann unbedingt noch zum Friseur. Die Haare müssen gepflegt aussehen.

- **Fingernägel und störende Behaarung**
  Schneiden und putzen Sie Ihre Fingernägel. Wenn Sie starker Raucher sind, dann beseitigen Sie die gelben Stellen an den Fingern und an den Fingernägeln. Dies lässt sich gut mit einer frischen Zitrone bewerkstelligen. Oft geht nicht mehr alles weg, aber es wird viel besser. Schneiden Sie auch die Haare, die aus den Ohren und aus der Nase herauskommen, sie wirken abstoßend.

- **Zähne**
  Reinigen Sie Ihre Zähne intensiv mit Zahnseide. Die Rückstände zwischen den Zähnen erzeugen Mundgeruch. Das sollten Sie eigentlich jeden Tag machen, aber heute ist es wirklich wichtig.

- **Socken und Schuhe**
  Wichtig sind insbesondere auch Socken und Schuhe. Viele Personalchefs schauen darauf. Gerade an den kleinen Details kann man feststellen, welchen Stil ein Mensch hat. Wenn Sie es nicht glauben, setzen Sie sich einmal in ein Straßencafé und schauen Sie nur die Schuhe der vorbeigehenden Menschen an. Stellen Sie sich dazu den Rest der Person vor. Sie werden sehen, wie gut dies funktioniert!

- **Unterlagen**
  Stellen Sie zwei Sätze an Bewerbungsunterlagen zusammen, die Sie mitnehmen. Und dazu noch eine Mappe, in der Sie diese unterbringen. In die Mappe packen Sie auch noch Schreibpapier und einen guten Stift für Notizen. Visitenkarten sind auch nicht schlecht.

- **Firmeninformation**
  Wenn Ihnen zur Bewerbung noch irgendetwas unklar ist, dann versuchen Sie, es heute aufzuklären. Versuchen Sie, über die Firma noch mehr Informationen zu bekommen. Recherchieren Sie im Internet, rufen Sie als Kunde getarnt bei der Firma an, besuchen Sie eine andere Filiale oder die Konkurrenz.

- **Eigene Fragen formulieren**
  Setzen Sie sich hin, nehmen Sie ein Blatt Papier, und notieren Sie sich Fragen, die Sie dem Arbeitgeber stellen wollen. Dieses Blatt nehmen Sie am nächsten Tag auch mit. Damit beweisen Sie zum einen, dass Sie sich auf das Vorstellungsgespräch vorbereitet haben, und zum anderen bekommen Sie auch die Antworten, die Sie tatsächlich interessieren.

- **Entspannung am Abend zuvor**
  Am Abend vor dem Vorstellungsgespräch gönnen Sie sich noch etwas Schönes. Vielleicht gehen Sie mit einem Bekannten aus oder laden jemanden zum Essen ein. Sie tun einfach alles, damit es Ihnen gut geht. Gehen Sie insbesondere, wenn Sie vor solchen Terminen nicht schlafen können, erst richtig spät ins Bett. Es ist besser, wenig geschlafen zu haben, als schlecht geschlafen zu haben. Wenn Sie mit Alkohol kein Problem haben, dann trinken Sie ruhig zwei Gläser guten Wein. Tun Sie alles, damit Sie am nächsten Tag entspannt sind. Hören Sie sich eine Entspannungs-CD an (auf meiner Begleit-CD, die Sie erwerben können, ist auch eine Tiefenentspannung, die sich gut für diesen Abend eignet und Sie schön einschlafen lässt).

- **Probleme aufschreiben und lösen**
Sollten Sie Ihre Gedanken am Einschlafen hindern, dann schreiben Sie diese auf. Es ist besser, noch einmal aufzustehen und alles, was sich im Kopf herumdreht, loszulassen, als schlaflos herumzuliegen. Diese Art der Schlaflosigkeit entsteht, wenn sich im Kopf mehr als fünf Gedanken drehen, die Sie momentan nicht bearbeiten können. Damit werden Sie erst fertig, wenn Sie diese Gedanken zu Papier bringen. Wenn Ihnen hierbei einiges an Lösungen einfällt, dann sollten Sie das auch gleich notieren. In der Regel brauchen Sie für die ganze Aktion nicht länger als eine halbe Stunde. Und der Rest der Nacht gehört Ihnen.

Der Tag des Vorstellungsgesprächs

Der Tag, an dem Sie neue Freunde kennen lernen wollen. Ein schöner Tag.

Der Morgen

Stehen Sie auf, und bewegen Sie sich erst einmal. Gehen Sie zum Joggen, zum Schwimmen, oder machen Sie einen Spaziergang. Stehen Sie so früh auf, dass Sie genügend Zeit zur Verfügung haben.

Während des Frühstücks schauen Sie sich noch einmal Ihre Bewerbungsunterlagen und die Bedürfnisanalyse an. Sie stellen noch einmal fest: »Ich bin der Problemlöser!« Dieses Okay-Gefühl wird Sie den ganzen Tag begleiten. Mit diesem Gefühl werden Sie sich jetzt duschen oder baden. Vermeiden Sie, ein Deo zu verwenden, das einen starken Eigengeruch hat, andere könnten ihn als unangenehm empfinden. Ein geruchloses ist besser, wenn Sie überhaupt eines benötigen.

Der Weg dorthin

Nun begeben Sie sich auf den Weg zum Vorstellungsgespräch. Kaufen Sie sich noch ein Nachrichtenmagazin (zum Beispiel Spiegel oder Focus), damit Sie, wenn Sie warten müssen, etwas zu tun haben, und ein billiges Rätselheft. Besorgen Sie sich auch einen Apfel, Sie werden ihn brauchen! Fahren Sie so pünktlich los, dass Sie ungefähr eine Stunde vor dem Termin in der Nähe sind. Planen Sie die Stunde ein. Es passieren gerade an solchen Tagen alle möglichen Dinge, an die man nicht denkt.

Nun setzen Sie sich auf eine Bank, in ein Café, oder gehen Sie spazieren. Sie haben jetzt Zeit. Und diese Zeit kann verhängnisvoll sein. Daher lenken Sie sich ab. Wenn sich beim Lesen eine negative Unruhe einstellen sollte, dann nehmen Sie das Rätselheft und fangen an, ein Kreuzworträtsel zu lösen. Setzen Sie sich selbst unter Druck, das Rätsel schnell zu lösen. So geraten Sie in einen Zustand hoher Wachheit und Aufmerksamkeit. Dies ist positiver Stress, den Sie gleich brauchen können. Wenn Ihnen das Warten nichts ausmacht, können Sie auch das Nachrichtenmagazin lesen. Damit ergeben sich vielleicht für den Vorstellungstermin interessante Gesprächsmöglichkeiten.

Sehen Sie noch einmal Ihre Mappe durch, und legen Sie auch die Zeitschrift hinein.

Die Übung direkt davor

Ungefähr 15 Minuten vor dem Vorstellungsgespräch gehen Sie an einen Ort, an dem Sie niemand beobachten kann. Nun werden Sie noch eine kleine Übung machen, um Ihren Körper zu entspannen und zu aktivieren.

Dazu strecken Sie sich. Machen Sie sich so groß, wie es nur geht. Von den Zehenspitzen bis zu den Fingerspitzen. Nun strecken Sie oben die Arme so weit wie möglich nach hinten. Dann fahren Sie mit Ihren Händen, noch immer nach hinten gestreckt, langsam herunter, bis die Arme an Ihren Beinen angekommen sind.

Nun stellen Sie sich ganz fest auf den Boden, so dass Sie niemand mehr umwerfen könnte. Ihre Knie sind dabei ein bisschen angewinkelt. Stellen Sie sich vor, Sie sind John Wayne, der im nächsten Moment den Revolver zieht. Spüren Sie die Spannung in Ihrem ganzen Körper. Nun nehmen Sie die Arme nach vorne und stellen sich vor, jemand legt einen Sack mit zehn Kilogramm auf Ihre ausgestreckten Arme, und Sie können ihn leicht tragen. Und er legt Ihnen noch einmal 10 Kilogramm dazu. Und noch einmal. Spüren Sie das Gewicht und wie Sie fest auf dem Boden stehen.

Nun werfen Sie die Säcke einfach in die Ecke und schütteln Ihre Arme aus.

Der obligatorische Apfel

Jetzt müssen Sie noch Ihr Gesicht zum Leben erwecken. Dazu nehmen Sie jetzt den Apfel. Sie halten ihn mit einer gestreckten Hand von sich weg. Stellen Sie sich vor, Sie sind den ganzen Tag in der Wüste unterwegs gewesen und haben furchtbaren Durst. Und Sie sehen diesen Apfel, das können Sie noch gar nicht fassen. Reißen Sie die Augen auf, als wäre da ein Weltwunder vor Ihnen. Dann lassen Sie das Wasser im Munde zusammenlaufen, führen den Apfel langsam zu Ihrem Mund und beißen, wie früher in einer Zahnpasta-Reklame, fest hinein. Und nun kauen Sie ganz übertrieben und schmatzen nach Herzenslust. Beim nächsten Bissen stellen Sie sich vor, Sie haben einen Kern erwischt, der ganz bitter schmeckt. Schneiden Sie so richtig die Grimassen, die Ihnen dazu in den Sinn kommen. Dann beißen Sie noch einmal in den Apfel hinein und genießen einfach voll und ganz seinen Geschmack.

Essen Sie den Apfel auf. Sie haben einen angenehmen Geschmack im Mund und fühlen sich frisch und munter, voller Tatendrang. Übrigens geht die Übung auch ohne Apfel, als reine Pantomime. Sie hat den gleichen Effekt bis auf den frischen Geschmack im Mund, aber hier kann ein Kaugummi Abhilfe schaffen.

Was mache ich, wenn ich feuchte Hände habe?

Ein guter Trick ist ein kleiner Isolierbeutel, wie es sie mittlerweile überall zu kaufen gibt. In diesen Beutel legen Sie nun einen kleinen Kühlakku und ein kleines feuchtes Frotteetuch. Direkt vor dem Vorstellungsgespräch nehmen Sie dieses Frotteetuch und wischen sich damit Ihre Hände ab. Waschen Sie sich auch noch einmal am Hals und unter den Achseln, damit Sie ein sehr frisches Gefühl haben. Ihre Hände sind jetzt warm und, vor allem, Sie sind frisch durchblutet.

Sie fühlen sich gut, und das ist das Wichtigste. Das ist Ihr Gefühl. Sie werden jetzt neue Freunde kennen lernen. Sie schauen sich noch einmal im Spiegel an, dann kann es losgehen. Sie gehen zu Ihrem Vorstellungsgespräch und sollten dort ungefähr fünf Minuten vorher eintreffen. Bitte nicht früher. Sonst nerven Sie die anderen nur, und Ihr Selbstbewusstsein plumpst in den Keller.

Das eigentliche Vorstellungsgespräch

Tja, da wäre jetzt noch ein Problem, dessen Lösung man sich vorher überlegen kann. Was machen, wenn die Tür geschlossen ist?

Sie klopfen an, warten eine Sekunde und öffnen dann vorsichtig die Tür. Wenn jemand drin ist und Sie per Blickkontakt merken, dass Sie eintreten können, dann tun Sie es. Wenn Ihnen angedeutet wird, dass Sie warten sollen, dann warten Sie. Nach genau zehn Minuten probieren Sie es wieder. Wenn das (Telefon-)Gespräch immer noch andauert, dann öffnen Sie die Tür nach 20 Minuten noch einmal. In der Zwischenzeit lesen Sie einfach Ihr Magazin.

Dies ist keine Unhöflichkeit Ihnen gegenüber, sondern dem anderen ist eben gerade etwas dazwischengekommen. Er ist vielleicht gerade dabei, einen wichtigen Vertrag abzuschließen, der Ihr Gehalt sichert, oder jemandem zu kündigen oder oder oder … Das muss einfach noch erledigt werden. Er wird sich hinterher schon dafür entschuldigen. Also haben Sie bei dem Gespräch schon Oberwasser.

Doch nun kommt es zum direkten Gespräch.

Also, jetzt können Sie sich nur noch eines sagen: Ich gehe auf meine neuen Freunde zu, schaue ihnen in die Augen und werde ihnen die Hand geben. Dann darf alles einfach geschehen. Ich gebe mir jetzt einfach die Erlaubnis, alles falsch zu machen.

Alles, was nun passiert, passiert einfach. Ich habe während des Gesprächs keinen Einfluss mehr darauf. Wenn ich aufgeregt bin, dann bin ich es eben. Ich sage es einfach, und sofort ist die Situation entspannt. Und wenn ich den Kaffee verschütte, dann ist es halt passiert. Lächeln Sie doch über sich selbst. Die anderen werden schon auch so etwas erzählen und mitlachen. Fangen Sie einfach damit an. Etwas Besseres kann nicht passieren, als wenn Sie gemeinsam lachen.

Mir selbst ist einmal passiert, bei einem Vorstellungsgespräch mit einem Prinzen von Thurn und Taxis zwei verschiedenfarbige Socken anzuhaben. Wir saßen zu dritt ohne Tisch in der Mitte. Ich sah es, wurde rot und dachte mir, es ist am besten, das selbst anzusprechen. Was ich dann auch tat. Darauf mussten wir alle drei lachen, und der Prinz erzählte, was ihm schon alles passiert war … Das Bewerbungsgespräch lief überaus positiv.

Also erlauben Sie sich, alles falsch zu machen! Und stehen Sie dazu. Das macht Sie sympathisch und echt. Nur wenn Sie während des Vorstellungsgesprächs noch geistige Ressourcen frei haben, dann können Sie an folgende Punkte denken.

- **Begrüßung und Händedruck**
  Gehen Sie auf Ihre Gesprächspartner zu, schauen Sie ihnen in die Augen, und geben Sie jedem die Hand. Die Intensität des Händedrucks teilen Sie sich unbewusst durch die Augen mit. Das funktioniert!

- **Eine Augenhöhe**
  Bleiben Sie mit Ihrem(n) Gesprächspartner(n) auf einer Augenhöhe. Wenn er sich hinsetzt, tun Sie es auch. Wenn Ihr Gesprächspartner schon sitzt und Sie auf ihn zugehen, um ihm die Hand zu geben, wird auch er aufstehen oder dies wenigstens andeuten. Wird Ihnen kein Platz angeboten, so fragen Sie einfach, ob Sie sich setzen können. Oder, je nach Ihrem Gefühl, setzen Sie sich einfach. Das ist in vielen Branchen mittlerweile schon üblich.

- **Den Arbeitgeber spiegeln**
  Wenn Sie nicht wissen, wie Sie sich hinsetzen oder stehen sollen, schauen Sie Ihr Gegenüber einfach an. Machen Sie seine Haltung einfach nach. Er fühlt sich damit tief verstanden. Dies funktioniert unbewusst. (Beobachten Sie einmal in einer Kneipe zwei Menschen, die sich intensiv unterhalten. Wenn der eine seinen Kopf aufstützt, wird es der andere auch innerhalb von ein paar Sekunden tun.) Also haben Sie den Mut dazu. Ihr Gegenüber merkt es nicht. Und selbst wenn er es merken sollte, dann weiß er, dass Sie sich mit Kommunikation auskennen.

- **Keine Sitzkonfrontation**
Setzen Sie sich jedoch nie voll im 180-Grad-Winkel gegenüber. Versuchen Sie, ein bisschen versetzt mit dem anderen in die gleiche Richtung, zum Beispiel zum Fenster hinaus, sehen zu können. Somit entsteht eher Gemeinsamkeit und weniger Konfrontation.

- **Gleiche Sprache verwenden**
Gleichen Sie Ihre Sprache, so weit es geht, an die des anderen an. Versuchen Sie allerdings nicht, einen Dialekt zu sprechen, der nicht der Ihre ist. Aber an Lautstärke und Sprachgeschwindigkeit können Sie sich anpassen.

- **Aktives Zuhören**
Wenn Ihnen eine Frage gestellt wird, zu der Sie keine Antwort wissen, spielen Sie Papagei. Das heißt, Sie formulieren die Frage noch einmal in Ihren eigenen Worten. Sie fangen zum Beispiel an: »Sie fragen mich, was ich machen würde, wenn … Wenn Sie mich das so aus heiterem Himmel fragen, dann muss ich mir jetzt erst einmal genau die Situation vorstellen … Hm ja, da fällt mir ein, als ich …«

  Damit haben Sie Zeit gewonnen und sind im Fluss geblieben. Es ist das Wichtigste, im Fluss zu bleiben und zu reden, gerade wenn man die Antwort nicht weiß. Ihnen wird dann schon etwas einfallen, oder Sie können wie ein Politiker ablenken. Die Ausgangsfrage hat der andere meist längst vergessen. Selbst die gewieftesten Fernsehmoderatoren gehen damit den Politikern immer wieder auf den Leim.

- **Die Ja-Schiene**
Bleiben Sie immer auf der Ja-Schiene. Auch wenn Sie Nein meinen, sagen Sie erst mal: »Ja, Sie meinen, die Sache ist so und so. Ja, wenn ich mir das vorstelle …« (Thema ausbreiten und dann zu einem anderen Schluss kommen oder die Sache einfach stehen lassen, ohne noch den eigenen Senf dazuzugeben.) Im Vorstellungsgespräch werden oft Dinge abgeklopft, die hinterher im Arbeitsverhältnis überhaupt keine Rolle spielen.

- **Ehrlichkeit**
Bleiben Sie ehrlich. Auch Fragen, die der Arbeitgeber nicht stellen darf, werden Sie beantworten. Denn wenn Sie nicht darauf antworten, dann werden Sie die Stelle nicht bekommen. Also müssen Sie auf die Frage eingehen, auch wenn Sie das Recht hätten, dies nicht zu tun. Lügen ist zwar in solchen Fällen erlaubt, aber es lohnt sich in der Regel nicht. Insbesondere dann nicht, wenn der Arbeitgeber innerhalb kürzester Zeit die Wahrheit erfährt. Wenn Sie allerdings lügen dürfen und der Arbeitgeber dies hinterher auch nicht erfahren wird, dann lügen Sie wenigstens wie gedruckt. Dazu müssen Sie Ihre Lüge auswendig lernen. Das ist aber wirklich nur in absoluten Ausnahmefällen sinnvoll. Zum Beispiel, wenn Sie alte Schulden haben, die mit Ihren Gläubigern soweit reguliert sind, dass Sie nur noch monatliche Raten von 100 Euro zu zahlen haben. Und Sie bewerben sich um eine Tätigkeit, in der dies nicht relevant ist. Oder Sie haben eine Krankheit, die Sie in Ihrer Tätigkeit in keiner Weise einschränkt. Dann macht es Sinn. Alle anderen Lügen bringen einfach nichts und zerstören von Anfang an jedes Vertrauensverhältnis. Sie müssen heimlich tun, und dies wird bei Ihren Kollegen Misstrauen

hervorrufen, und das Mobbing beginnt. Also, Mut zur Wahrheit!

- **Die Gehaltsfrage**
  Am Ende kommt die Frage nach dem Gehalt. Sie geben die Frage erst einmal zurück und fragen, was sich denn Ihr Arbeitgeber so vorgestellt hat. Wenn er Ihnen die Frage wieder stellt, dann können Sie noch einmal probieren, die Antwort bei ihm abzuladen: »Immer dieses Spiel in Verhandlungen. Jetzt sagen Sie doch, was wollen Sie bezahlen?« Diese Frage kommt natürlich mit einem verschmitzten Lächeln. Wenn Ihr Arbeitgeber nun immer noch mauert, dann machen Sie doch den folgenden Vorschlag: »Ich habe eine Idee: Hier sind zwei Zettel. Sie schreiben auf den einen Zettel, wie viel ich Ihnen wert bin, und ich schreibe auf den meinen, was ich bei Ihnen verdienen will. Dann hat keiner von uns das Gesicht verloren.« Dieses Spiel imponiert dem Arbeitgeber. Sie zeigen damit, dass Sie strategisch denken können und sich Gedanken gemacht haben. Es zeigt auch, dass Sie über Verhandlungsstärke verfügen.

- **Ihre Fragen**
  Zum Ende des Gespräches ziehen Sie Ihren Fragenkatalog heraus. In der Regel werden Sie auch danach gefragt, ob Sie noch etwas wissen wollen. Dass Sie sich Fragen formuliert haben, spricht für Sie. Sie haben sich vorbereitet.

- **Das Gespräch zusammenfassen**
  Fassen Sie noch einmal sämtliche Gesprächsinhalte zusammen, und machen Sie sich dazu Notizen. Das zeigt Ihre Verbindlichkeit.

- **Selbst zurückrufen**
  In der Regel wird der Arbeitgeber Sie darauf vertrösten, dass er Ihnen irgendwann Bescheid gibt. Darauf bieten Sie ihm an, sich auch zu einem vereinbarten Termin zu melden, falls er Sie nicht erreicht. Damit haben Sie die Erlaubnis, selbst aktiv zu werden.

Verstärkung nach der Einstellung

- Mit dem Arbeitsvertrag ist nicht alles abgeschlossen. Erst die Nachbetreuung sichert die Zufriedenheit des Kunden.

- Wer seinen Kunden nach dem Kauf »wie eine heiße Kartoffel fallen lässt«, hat das Recht verwirkt, sich über mangelnde Kundentreue zu beklagen. Also pflegen Sie den Arbeitgeber auch nach dem Vertragsschluss.

- Wenn Ihnen der Kunde beim Kaufabschluss sein Vertrauen geschenkt hat, müssen Sie auch für ihn »da sein«, wenn Reklamationen auftreten. Das heißt, Sie haben auch in den ersten auftauchenden Konfliktsituationen Ihren Mann zu stehen.

- Richtige Betreuung bringt meist Zusatz- oder Ergänzungsaufträge. Denken Sie daran! (Sie wollen doch mal eine Beförderung oder eine Gehaltserhöhung.)

- Jeder Kunde sollte zur Referenz werden. Ein gutes Zeugnis kann nicht schaden.

- Beweise persönlicher Wertschätzung, die Sie nach dem Kauf erbringen, festigen den Kontakt: Geburtstagsgratulation, Jubiläum, Einladungen zu Präsentationen oder Betriebsbesichtigungen. Machen Sie doch Ihren Chef auf wichtige Sachen aufmerksam.

- »Kleine Geschenke erhalten die Freundschaft« gilt auch hier.

- Legen Sie sich ein festes Betreuungs- und Nachfassprogramm zurecht. Auch ein Chef muss betreut werden.

Der Arbeitsbeginn

Fragen Sie vor allem in den ersten Tagen nach allem, was Sie noch nicht kennen. Nehmen Sie kein Blatt vor den Mund. Jede Frage zeigt, dass Sie Interesse haben, insbesondere die Fragen nach dem »Wie mache ich das?«.

Wichtig ist auch gleich zu Beginn, dass Sie etwas machen. Also machen Sie sofort alles, was Sie können. Die Kollegen freuen sich insbesondere, wenn sie Ihnen etwas erklärt haben und Sie dies dann auch sofort umsetzen. Dabei dürfen Sie in den ersten Tagen auch Fehler machen. Die anderen freuen sich anfangs noch, es Ihnen noch einmal zu zeigen. Ihre neuen Kollegen fühlen sich dadurch wichtig. Also auch, wenn etwas nicht klappt, fragen Sie nach Tipps, wie es geht.

Falls Sie das Gefühl haben, von jemandem schräg angesehen zu werden, sprechen Sie dies sofort an. Vielleicht hat jemand nur Angst, auf Sie zuzugehen. Also befreien Sie ihn, indem Sie den ersten Schritt gehen. Immer wenn Sie meinen, etwas stimmt nicht, treten Sie die Flucht nach vorne an. Damit werden fast alle beginnenden Mobbing-Prozesse bereits im Keim erstickt.

Nun wünsche ich Ihnen viel Erfolg an Ihrem neuen Wunscharbeitsplatz!

Anhang

Entspannungstext

Mein Körper wird von der Unterlage getragen. Ich spüre, wie mein Körper von der Unterlage getragen wird. Ich beobachte, wie mein Atem einfach kommt und wieder geht. Mein Atem kommt und geht. Und während mein Atem so kommt und wieder geht, wird sich mein ganzer Körper nach und nach von den Füßen bis zum Kopf entspannen. Ich kann wieder einmal loslassen, ich kann wieder einmal zur tiefen Quelle meiner Kraft vordringen. Mit jedem Ausatmen wird sich mein Körper nach und nach entspannen. Auch wenn ich es noch nicht spüre, so hat die Entspannung schon längst begonnen. Während ich weiter meinen Atem beobachte, wie er kommt und geht, wird sich mein ganzer Körper von den Füßen bis zum Kopf entspannen. Meine Füße sind angenehm warm und entspannt. Dieses angenehm warme Gefühl setzt sich weiter fort, hinauf in die Beine bis zum Gesäß. Meine Beine sind angenehm entspannt und fühlen sich gut an. Mit jedem Ausatmen lasse ich weiter los, und mein gesamter Körper wird sich jetzt nach und nach entspannen. Und mit jedem Einatmen führe ich meinem Geist frische, wache Energie zu. Während sich mein Körper nach und nach bis hinauf zum Gesäß bereits darauf einstellt, breitet sie sich weiter aus in den Bauch und in den Brustraum. Mein Bauch, mein Brustraum kann wieder einmal loslassen und fühlt sich entspannt, mein Geist ist klar und wach. Das Gefühl, das sich von den Füßen über die Beine ausbreitet, ist einfach behaglich. Mein ganzer Körper wird nun nach und nach von dem Gefühl angenehmer, wohltuender Entspannung ergriffen. Das angenehme, warme, leichte Gefühl breitet sich weiter aus hinauf zu den Schultern und von den Schultern hinab zu den Armen. Meine Schultern und Arme können wieder einmal loslassen. Mit jedem Ausatmen entspannt sich mein gesamter Körper nun mehr und mehr. Das Gefühl der Entspannung ergreift nun auch meinen Kopf und breitet sich in meinem Kopf aus, hinauf zur Stirn. Von der Stirn zu den Augen. Ich lasse meine Stirn und meine Augen los. Und auch mein Mund darf sich wieder einmal entspannen. Mein ganzer Körper ist nun angenehm entspannt. Mit jedem Ausatmen wird sich mein Körper nach und nach immer mehr entspannen. Mein gesamter Körper fühlt sich gut und angenehm warm an. Und mit jedem Einatmen führe ich meinem Geist frische, wache Energie zu.

Und während ich nun so daliege und sich mein gesamter Körper nach und nach tiefer und tiefer entspannt, stelle ich mir vor, wie ich am Strand liege. Im warmen Sand, die Sonne wärmt mich, mein ganzer Körper fühlt sich einfach nur noch gut an. Ich sehe am Himmel eine kleine sanfte Wolke, die sich ganz weich anfühlt. Ich stelle mir vor, wie diese Wolke nun zu mir herunterkommt und mich einlädt, auf ihr mitzufliegen. Die Wolke kommt zu mir, umfängt mich, und ich liege auf dieser sanften kleinen Wolke. Über mir sehe ich nur noch einen grenzenlosen, tiefblauen Himmel und die warme Sonne. Die Wolke erhebt sich sanft mit mir hinein in den blauen Himmel. Ich fühle mich gut und weich gebettet, spüre die warmen Sonnenstrahlen, und die Wolke haucht mir ins Ohr: Ich bin eine Wunschwolke. Sie bringt mich dahin, wohin ich will. Ich darf das tun, was ich schon immer tun wollte. Ich darf das machen, was ich schon immer machen wollte. Und die Wolke bringt mich nun dahin, wo ich mit meinen Gedanken hinwill. (2 Minuten Pause)

Und während ich jetzt das mache, was ich schon immer machen wollte, sehe ich genau, was ich alles um mich herum habe. Ich kann das Gefühl genau spüren. Und ich spüre, dass es mir sehr, sehr gut geht. Ich nehme den Geruch des Ortes auf und sehe ganz genau, wie gut es mir hier geht. Ja, an diesem Ort will ich gerne sein. Ich spüre auch, was ich gerade mache, und will dies immer wieder machen. Es geht mir gut. Dieser Ort ist jetzt ein Teil von mir geworden. Dieser Ort ist ein tiefer Bestandteil von mir geworden, den ich jetzt immer in mir trage. Die kleine sanfte Wolke umspült mich wieder, und ich befinde mich auf der kleinen sanften Wolke, die mich nun wieder zurück an den Strand bringen wird. Ich verabschiede mich für jetzt erst einmal von dem Ort, an dem es mir so gut geht, aber ich weiß, dass ich diesen Ort tief in mir trage und jederzeit, sooft ich dies will, an diesen Ort wieder zurückkehren kann. Ich brauche es nur zu tun. Ich kann mich jederzeit ganz genau an diesen Ort erinnern. Ich kenne jede Einzelheit des Ortes. Ich habe das Bild des Ortes, die Gefühle, die Geräusche, die Gedanken, den Geruch tief in mir, während ich mit der kleinen sanften Wolke den Ort verlasse. Über mir wieder der tiefblaue, unendliche Himmel und die warme, kräftige Sonne. Auch die Kraft und die Energie der Sonne und die Grenzenlosigkeit des Himmels sind ein fester Bestandteil von mir, und die kleine Wolke kehrt zurück zu dem Strand, an dem sie mich aufgenommen hat. Die kleine sanfte Wolke legt mich wieder dort in dem Sand ab. Ich verabschiede mich von der kleinen sanften Wolke. Ich kann sie jederzeit wieder holen und mit ihr wieder auf eine Reise gehen. Ich brauche es nur zu wollen. Ich liege am Strand, über mir der blaue Himmel und die warme Sonne.

Ich spüre die Kraft und die Energie der Sonne, die ich mitnehme. Nun verabschiede ich mich auch von dem Sand und spüre meinen Körper, und mit jedem Einatmen führe ich meinem Körper Frische, Wachheit und Energie zu. Und ich komme wieder hierher in das Hier und Jetzt zurück. Mein Körper fühlt sich frisch und wach an. Ich bin wieder hier im Raum, ich bin im Hier und Jetzt. Ich räkle mich, wenn es mir danach ist, ich mache den Mund auf und gähne, hole tief Luft und bin wieder hier im Hier und Jetzt. Ich fühle mich frisch und munter und angenehm entspannt.

Register

Ablaufdiagramm 77 ff.
Absagen 18
Adressen 73
Adressvertriebe 73
Akquisition 75
Akzeptanz 126
Alkohol 161
Alphazustand 20
Analyse 9
Angebot 88
Angst 46, 175
Anrufbeantworter 94
Anzeigenblätter 101
Apfel 81, 94, 108, 163, 165
Arbeitsablauf 66
Arbeitsamt 43, 48, 52f., 60, 73, 101, 119ff., 130
Arbeitsbelastung 37
Arbeitsberater 51
Arbeitslosengeld 43, 48
Arbeitslosenhilfe 43
Arbeitslosigkeit 45, 98ff., 123, 131, 139
Arbeitsplatz 53
Arbeitsprobe 151
Arbeitsverhältnis 76
Arbeitsvermittler 52, 92, 130
Arbeitsvertrag 172
Argumentation 74
Argumente 84

Artikulationsübungen 81
Aufmerksamkeit 128, 163
Augenhöhe 168
Ausbildung 110, 136
– berufsbegleitende 48
Ausdauer 142
Aushilfe 119
Aushilfstätigkeit 139
Ausschlachten 87
Ausstellung 113
Auswertung (Test) 36

Bafög 49
Bankverbindung 148
Bedarf 15, 65, 73
Bedürfnis(se) 14, 51, 53f., 56ff., 62
Bedürfnisanalyse 70, 80, 101, 125f., 145, 154, 157f., 162
Bedürfnisbefriedigung 145
Begleitschreiben 153
Begrüßung 168
Behaarung 160
Bekleidung 108
Bekleidungswahl 159
Belastbarkeit 142
Belohnung 131
Berufsbezeichnung 147
Berufserfahrung 135
Berufsschule 47

Beschäftigungshilfen 61
Betreff 148f.
Betreffzeile 148
Betreuung 172
Betriebssystem 47
Bewerbung(en) 10, 69, 100, 106
Bewerbungsanschreiben 72, 74, 91, 145ff.
Bewerbungsaufwand 92
Bewerbungsgespräch 91, 154
Bewerbungskosten 73, 130
Bewerbungsmappen 106, 108, 152f.
Bewerbungsratgeber 10
Bewerbungsstrategie 125
Bewerbungstraining 10, 126
Bewerbungsunterlagen 70, 103, 133ff., 160, 162
Bewerbungsverfahren 126
Bewusstsein 17, 20
Bildungsprogramme 49
Bittsteller 125, 150
Blindbewerbung 72
Blumentopfservice 68
Branche 53
Branchenbuch 73
Branchenverbände 73
Briefkopf 135, 147
Briefmarke 154
Bruttolohn 151
Büchereien 73, 96
Buchhaltungsservice 69
Buchhandel 111
Bundesanstalt für Arbeit 43, 121, 131
Bundesländer, neue 10, 107
Bundeszentrale für politische Bildung 117

Burn-out-Syndrom 131
Büro 37

Chance(n) 69f.
Checkliste 85
Computer 45, 47
Computerkenntnisse 23, 45
Computernetzwerke 69
Copyright 110
Corporate Identity 159

Datum 147
Deckblätter 152
Denkfaulheit 84
Denkstruktur 82
Deo 162
Deutsches Institut für Normung 147
Depressionen 131
Dialekt 169
DIN 147
Domain 102, 104

E-Mail 103, 109, 144, 148
E-Mail-Verteiler 103
EDV-Kenntnisse 136
Effektivität 85
Ehrlichkeit 170
Eigeninitiative 14
Eigenlob 56
Eigenwerbung 57
Eindeutigkeit 141
Einkaufsorganisationen 73
Einladung 92, 113
Einwände 77
Empfehlung(en) 84, 87, 114ff., 123
Energie 11

Energiequellen, regenerative 66
Engagement 61, 108
– freiberufliches 136
Entscheidungsträger 116
Entspannung 161
Entspannungsmusik 21
Entspannungsübung 20
Ernährung 37
EU (Europäische Union) 121
Event 113
Existenzgründungen 105
Extremsportarten 142

Fachbesucher 92
Fachmessen 91
Fachwissen 109, 142
Fahrplan 125
Fahrtkosten 42, 121
Fantasie 24
Faserschreiber 151
Fehler 10, 151, 175
Feinde 98f.
Fensterkuvert 154
Fernlehrinstitut 48
Finanzamt 113, 120
Fingernägel 160
Firmengründungen 105
Firmeninformation 161
Firmenverzeichnisse 73
Flipchart 21
Förderinstrumente 61
Forschung 37
Foto 90, 102, 108, 133, 144f.
Fotohonorar 109
Fragebogen 112
Fragen 161, 171, 175
– unangenehme 75f.
Freiberufler 148

Freizeit 58
Frust 62
Führerschein 136
Führungsstil 53
Füller 151
Fünfjahresplan 43, 49

Gastgewerbe 37
Gehalt 171
Gehaltswünsche 151
Gehilfenbrief 48
Gemeinsamkeit(en) 82, 169
Geschäfte 90
Geschäftsfeld 110
Geschäftsidee 88
Gesprächsatmosphäre 82
Gesprächspausen 83
Gestaltung 37
Gesundheit 142
Glaube 24
Gründernetzwerk 105

Haare 159
Haarschnitt 159
Haltung 168
Händedruck 168
Handelsvertreter 120
Handicaps 60
Handwerk 37, 106
Handwerkskammer 73
Handy 94
Handynummer 148
Hausaufgabenbetreuung 68
Herzog, Roman 15
Hindernis(se) 13
Hirngespinste 21
Hobby(s) 58, 123, 142
Höller, Jürgen 118

Homepage 46, 102f., 119, 144
Honorar 76

Idee(n) 17, 59
Industrie- und Handelskammer 73
Informationsträger 85
Innovationen 12
Interesse(n) 26, 51, 136, 142
Interessentest 26ff., 157
Internet 15, 45f., 73, 101ff., 109, 117f.
Interpretationen 37
ISBN (Internationale Standardbuchnummer) 111

Ja-Schiene 170
Jahresgehalt 158
Job-AQTIV-Gesetz 130
Journalist 112

Kaltakquisition 116
Kategorien 36, 38
Kaufmannsgehilfenprüfung 48
Key-Account-Management 120
Kinderbetreuung 68
Kindheitstraum 19
Kleidung 113
Klemmschienen 152
Kommunalverwaltung 120
Kommunikation 168
Komplimente 82
Konfliktsituationen 172
Kongresse 118f.
Konkurrenten 88
Konkurrenz 12, 66
Konkurs 66
Kontakt(e) 59, 88, 93, 106, 113, 115

Kopfzeile 135
Körpergefühl 37
Kraftlosigkeit 24
Krankheit 62
Kreativität 77
Kreditsachbearbeiter 53
Kundentreue 172
Kündigung 12
Kurse 45, 118, 124

Langzeitarbeitslosigkeit 131
Lautstärke 169
Layout 147, 150
Lebenslauf 72, 74, 80, 90, 102, 106ff., 120, 122, 133ff., 151, 153
– lückenloser 139
Leidenschaft 11, 69, 104, 108, 110, 122
Leistungsanforderungen 131
Lejeune, Erich 118
Lethargie 131
Link 103, 105
Lohnkostenzuschuss 52, 120
Lohnsprung 151
Lösung(en) 17
Lügen 170
Lücken 139

Markenrechte 102
Marketing 52, 125
Marketingmethoden 125
Marketingmix 70
Marketingplan 125
Marketingstrategie(n) 14, 70ff.
Markt 69f., 91
Markteinführung 70
Marktnischen 69

Marktpreis 65
Markttest 88
Marktüberblick 70
Maßnahmekosten 48
Medien 72f., 95
Meditation 20
Medizin 37
Messebesuch 92
Messen 119
Microsoft 47
Mind-Mapping 96, 128
Misstrauen 170
Mitfahrzentralen 92
Mobbing 62, 175
Modem 45
Monitor 45
Motivation 142
Mundgeruch 160

Nachbetreuung 172
Nachfassen 128
Nachhaltigkeit 128
Nachrichten 108
Nebenverdienst 121
Netzwerke 105, 116
Nichtraucher 81
Normen 147

Organisationstalent 58

Pantomime 165
Parteien 116f.
Passwort 102
PC 37, 45
Penetration 128
Personalchef 10
Plan 42
Potenzial 67

Praktikum 43
Preisbörsen 46
Pressevertreter 53
Prestige 109
Probezeit 151
Probleme 162
Problemlöser 125f., 150
Problemlösungen 14
Produkt 14
Promotion 138
Provider 102, 104
Provisionsvereinbarung 68
Punktaufzählungen 150
Pyramide 24

Rahmenbedingungen 80
Raucher 160
Referenz(en) 90, 172
Reizüberflutung 51
Reklamationen 172
Reputation 110
Ressourcen 70

Schadensersatzansprüche 89
Schaufenster 90
Schlaflosigkeit 162
Schnellhefter 153
Schriftarten 134
Schulbildung 136
Schuhe 160
Schulen 124
Schwächen 75
Schwarze Bretter 90
Seidenspinner, Gundolf 49
Selbstbewusstsein 63, 126, 166
Selbsthilfe 95
Selbstlob 56
Selbstständigkeit 121, 136

Selbststudium 110
Seminar(e) 76, 117ff., 138f.
Seniorenbetreuung 68
Serienbrief 74
Serienbrieffunktion 74
Serienmail 103
Sitzkonfrontation 169
Socken 160
Software 45, 47
Solarenergiefachberater 67
Solateur 67
Sonnenenergie 67
Sonnenkollektor 67
Soziales 37
Sozialhilfe 49
Speicher 47
Spiegeln 168
Sport 123
Sportabzeichen 58
Sportarten 142
Sprache 169
Sprachkenntnisse 136
Sprechgeschwindigkeit 84, 169
Standpartys 93f.
Stärke 75
Stellenanzeigen 14, 65
Stellenbörsen 69f., 101
Stellensuche 45
Stiftungen 117
Stimmapparat 81
Stipendien 49
  Stolperstein(e) 13, 39ff., 49
Strategie 9, 70
Streckübungen 81
Stress 54, 80, 163
Subunternehmer 120
Suchmaschine(n) 46, 73, 105
Sun 47

Supermärkte 90
Synergien 105

Tagungseinrichtung 119
Tagungshaus 118
Tankstellenservice 68
Tätigkeitsbeschreibung 82
Teamgeist 11
Technik 37
Telefongespräch 82
Telefonmarketing 74, 77
Telefonnummern-CD 73
Termine 93, 113
Textverarbeitung 73f.
Tipps 115
Tonfall 84
Traineeprogramme 49
Trainingsmaßnahme 43
Transparentfolien 152
Trauer 83
Träume 12
Trends 117

Überbrückungsgeld 121
Überqualifizierung 138
Überschriften 135
Überzeugungskraft 63
Umschulung 47f.
Unhöflichkeit 166
Unterhaltsgeld 48
Unternehmensberater 112
Unterschrift 151

Veranstaltung 113
Verbände 116
Verbindlichkeit 171
Verfahrensanweisung 110
Verhalten 63

Verhandlungsstärke 171
Verkauf 37
Verlage 111
Vermittlungshemmnisse 60
Veröffentlichung 109
Vertrag 125
Vertrauen 141, 172
Vertrauensverhältnis 170
Verwaltung 37
Verweigerer 45
Videotraining 63
Vision(en) 12f., 17ff., 62, 96, 124, 158
Visionär 18
Visionsbilder 22
Visionsfähigkeit 62
Visitenkarte(n) 94, 102, 107, 114, 119f.
Vitamin B (*für:* gute Beziehungen) 88, 90, 98f., 105, 107, 113, 115ff.
Volkshochschulen 118
Vorstellungsgespräch 46, 103, 126, 157ff.

Wachheit 163
Warhol, Andy 17
Webbrowser 15
Weiterbildung 136
Werbemethoden 70

Werbesprache 128
Werbestrategie 65
Werbung 69, 133, 145, 150
Werdegang, beruflicher 135
Wertschätzung 54, 173
Wetterbericht 108
Wettkampf 83
Wiederholen 82
Wiederholungen 85
Wiederverwenden 152
Wissenschaft 37
Wohltäter 66, 125
World Wide Web 15
Wünsche 12

Zähne 160
Zeilenhonorar 109
Zeitplan 131
Zeitpunkt, bester 80
Zeugnis 72, 74, 90, 172
Ziel(e) 43, 49, 131
Zielgruppe(n) 51ff., 65, 70, 75, 88, 125, 128, 133f.
Zielgruppendefinition 52
Zigaretten 81
Zufriedenheit 172
Zuhören 169
Zukunftsplanung 13
Zurückrufen 172
Zweiklassengesellschaft 45

Überleben im Job!

16649

So macht Lernen Spaß!

224 Seiten
ISBN 978-3-442-39112-7
€ 12,95

Effektive Merktechniken und Lernmethoden
vom Gedächtnis-Weltmeister – für alle, die schneller
lernen und sich Gelerntes besser merken wollen.

Endlich reich

16745

Erhältlich überall dort, wo es Bücher gibt.

Einstellungstests mit Erfolg meistern

16673

16636

16644

16589

GOLDMANN

Einen Überblick über unser lieferbares Programm
sowie weitere Informationen zu unseren Titeln und
Autoren finden Sie im Internet unter:

www.goldmann-verlag.de

Monat für Monat interessante und fesselnde
Taschenbuch-Bestseller

Literatur deutschsprachiger und internationaler Autoren

∞

Unterhaltung, Kriminalromane, Thriller,
Historische Romane und Fantasy-Literatur

∞

Klassiker mit Anmerkungen, Anthologien
und Lesebücher

∞

Aktuelle Sachbücher und Ratgeber

∞

Bücher zu Politik, Gesellschaft, Naturwissenschaft
und Umwelt

∞

Alles aus den Bereichen Esoterik, ganzheitliches Heilen
und Psychologie

Die ganze Welt des Taschenbuchs

Goldmann Verlag • Neumarkter Straße 28 • 81673 München

GOLDMANN